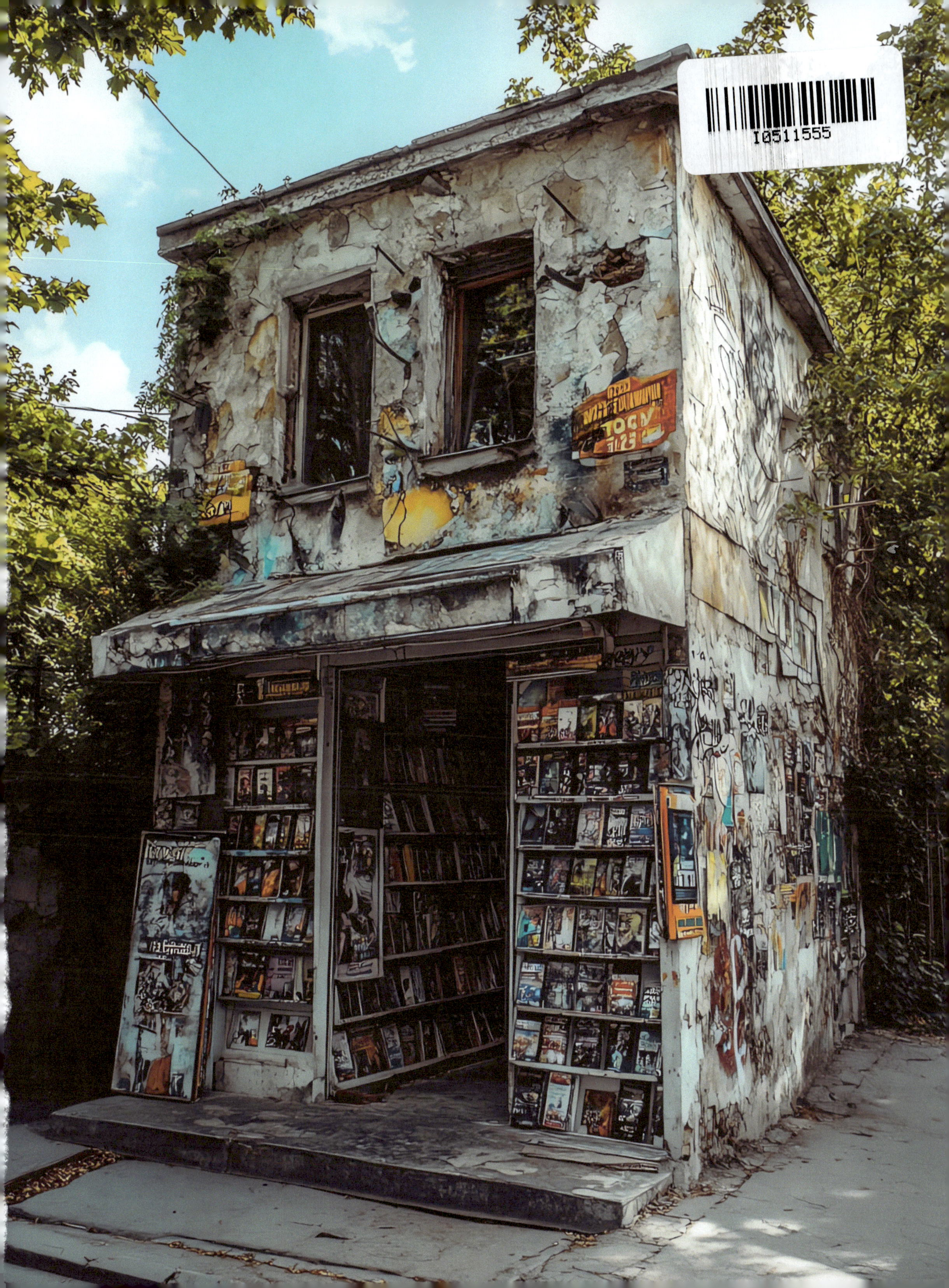

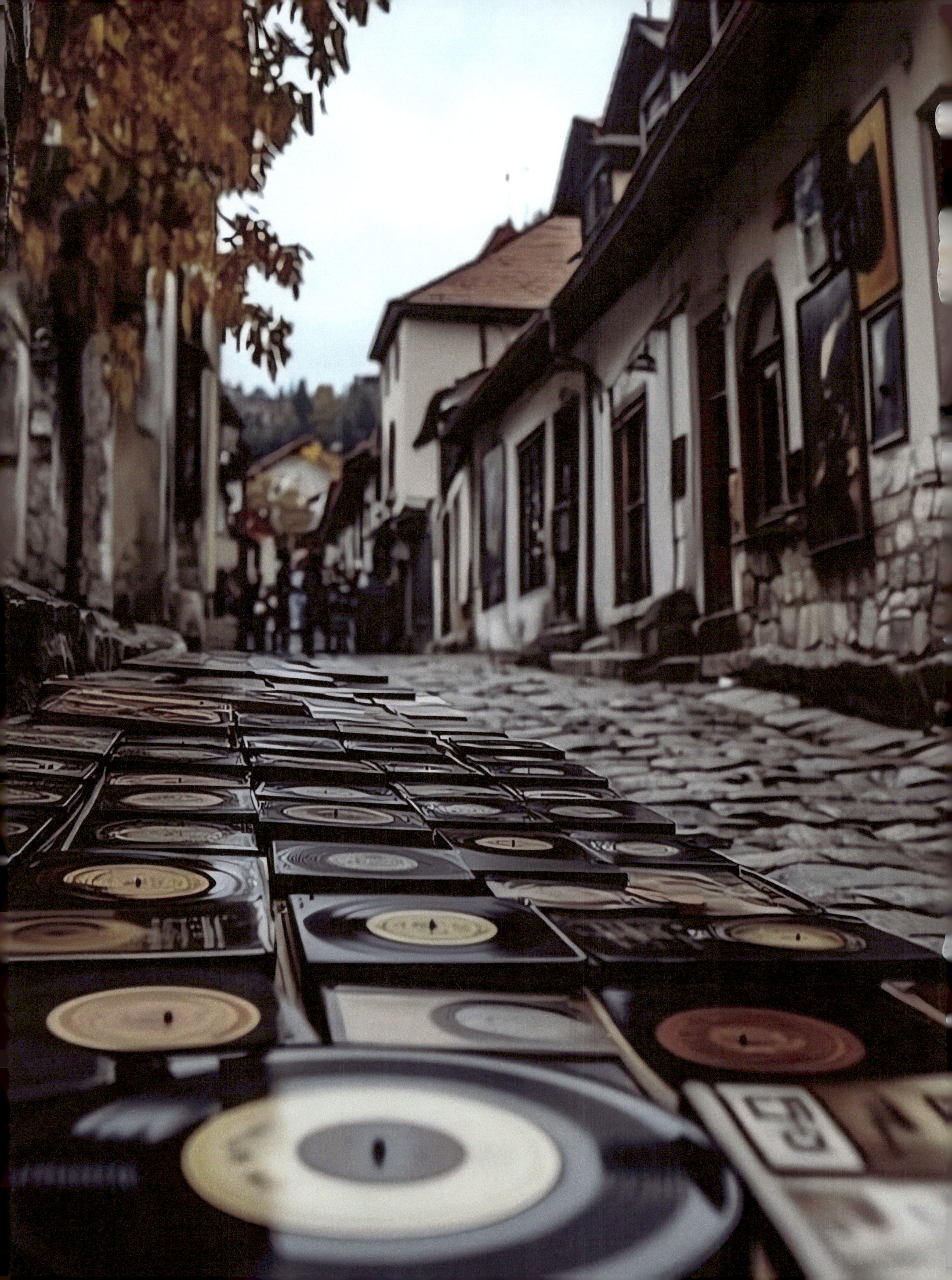

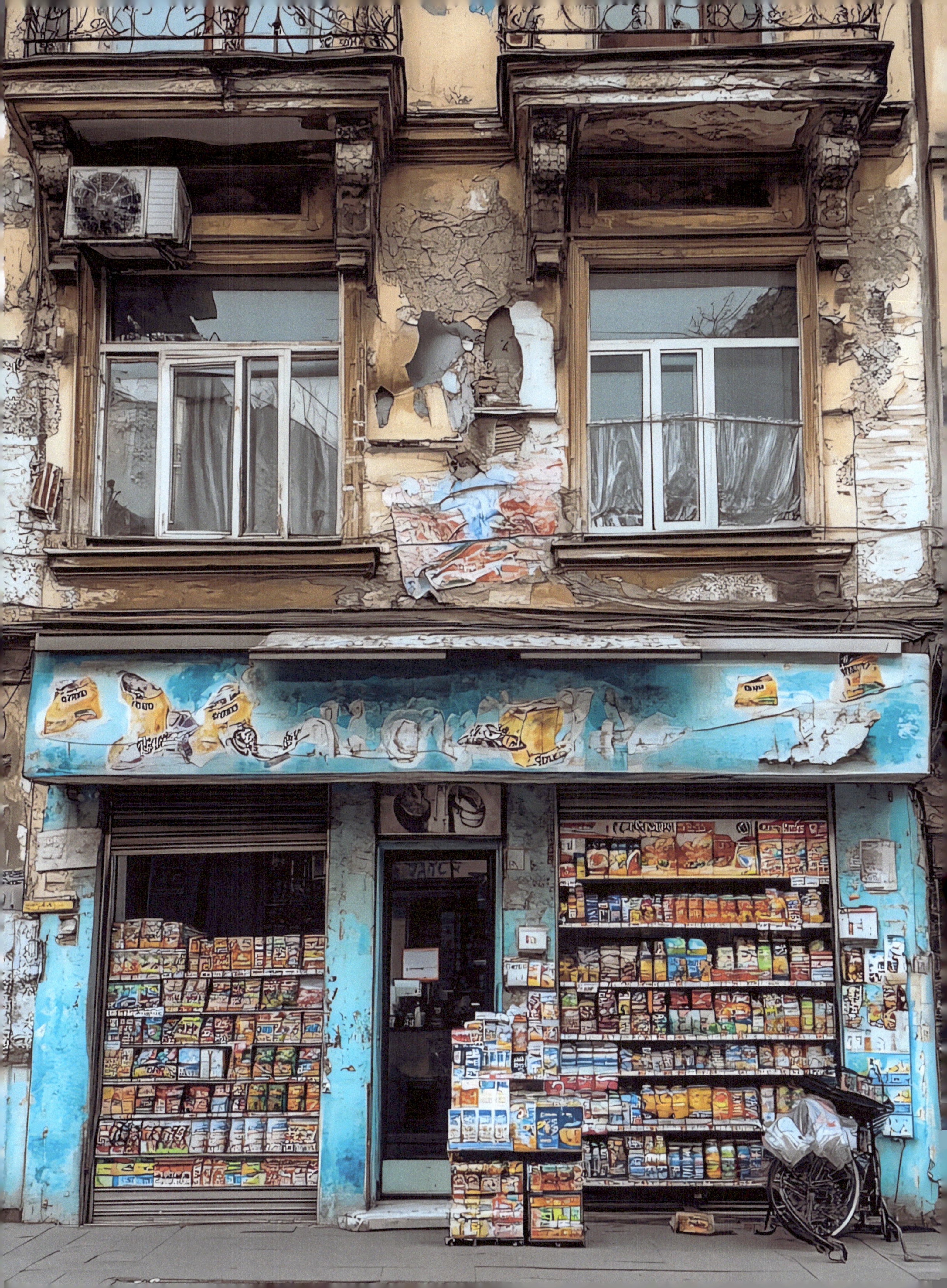

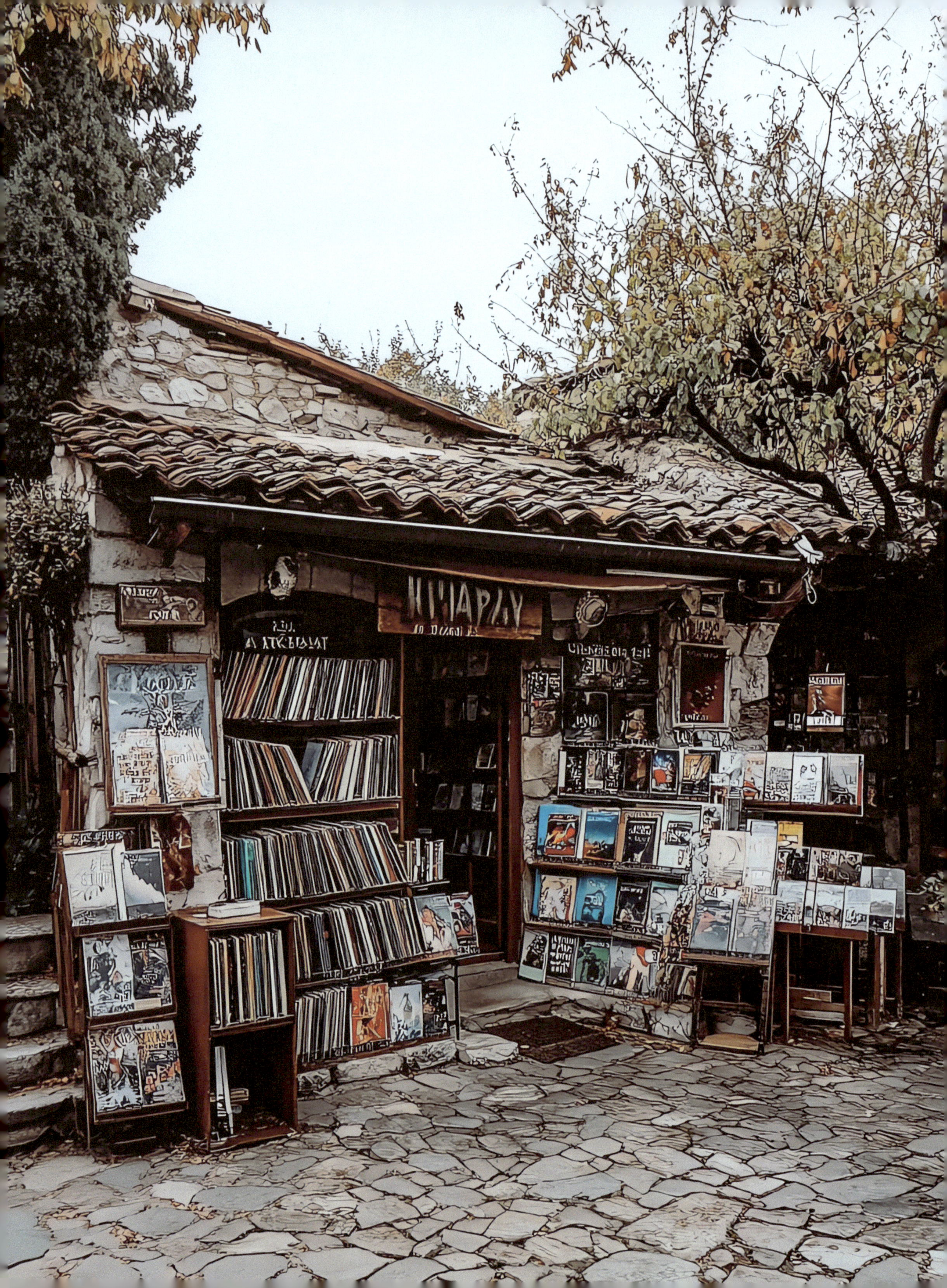

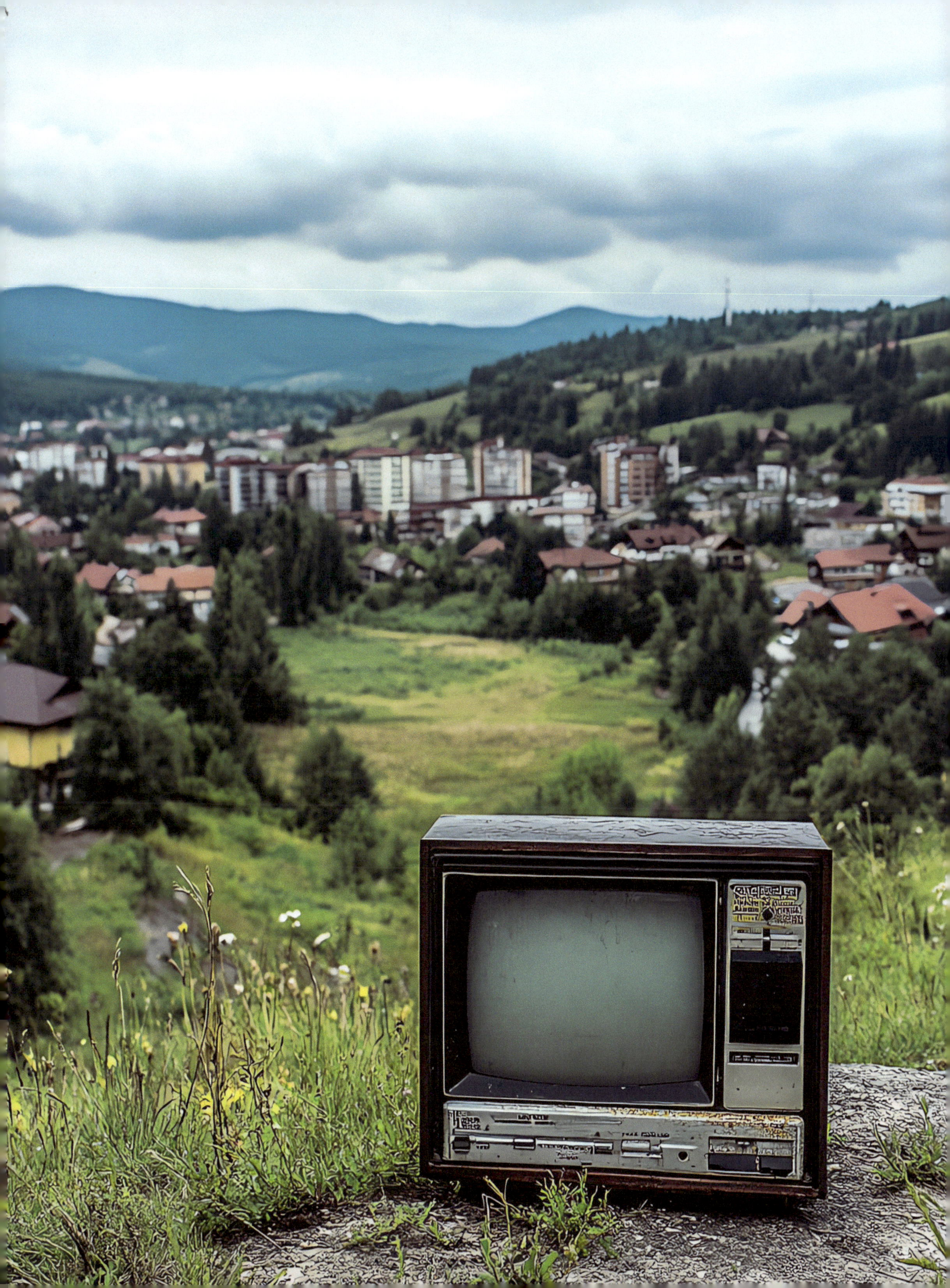

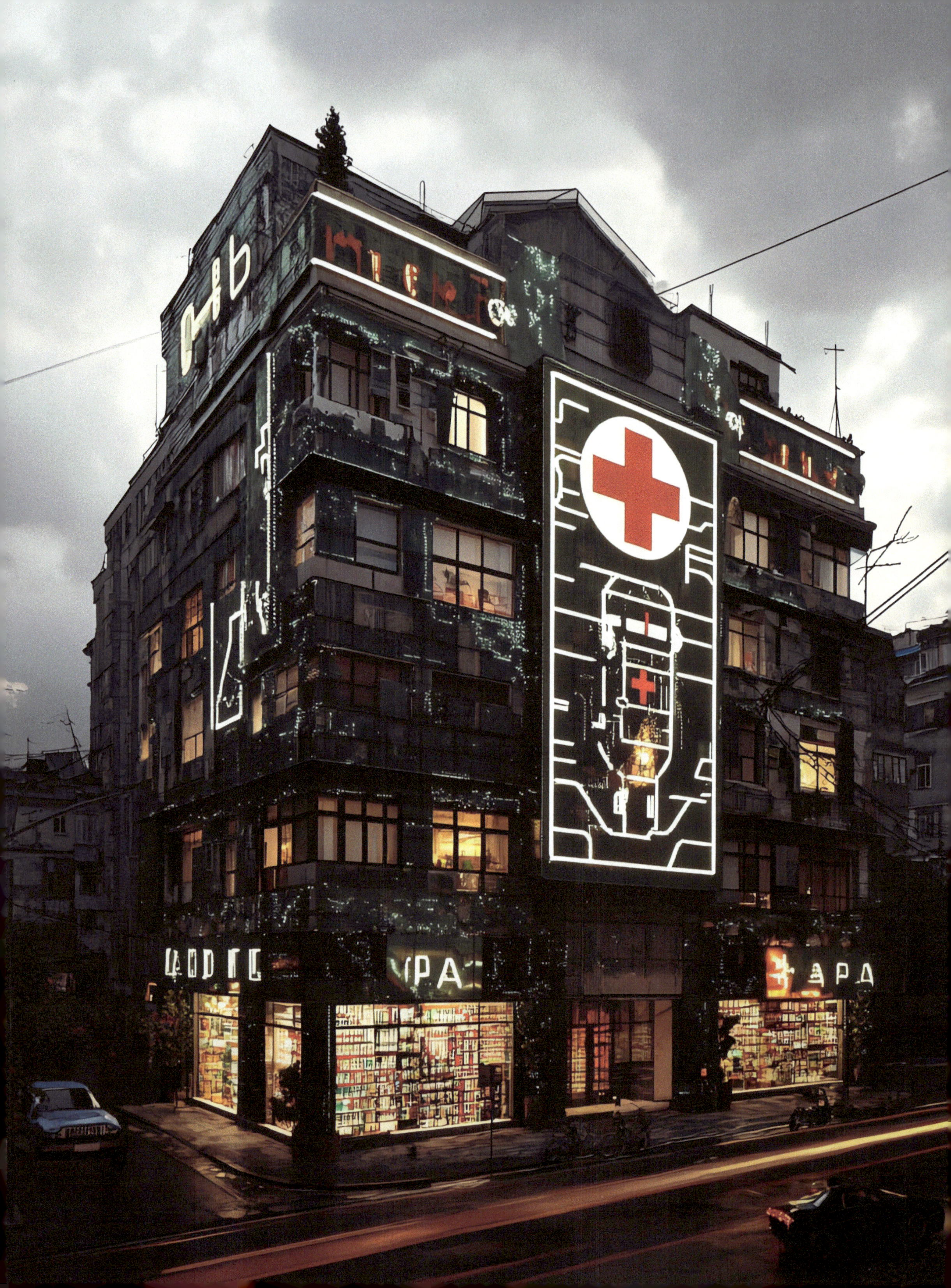

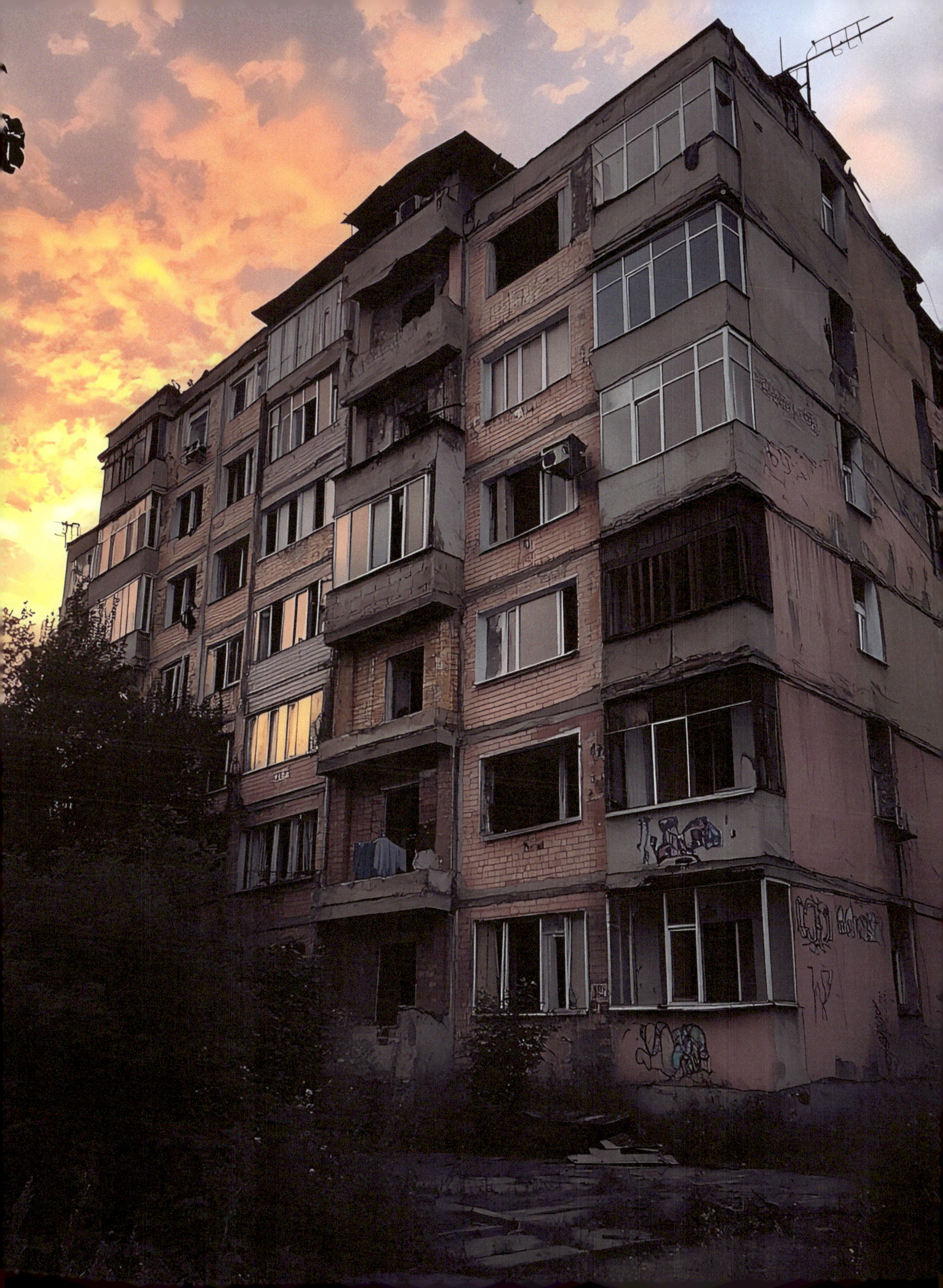

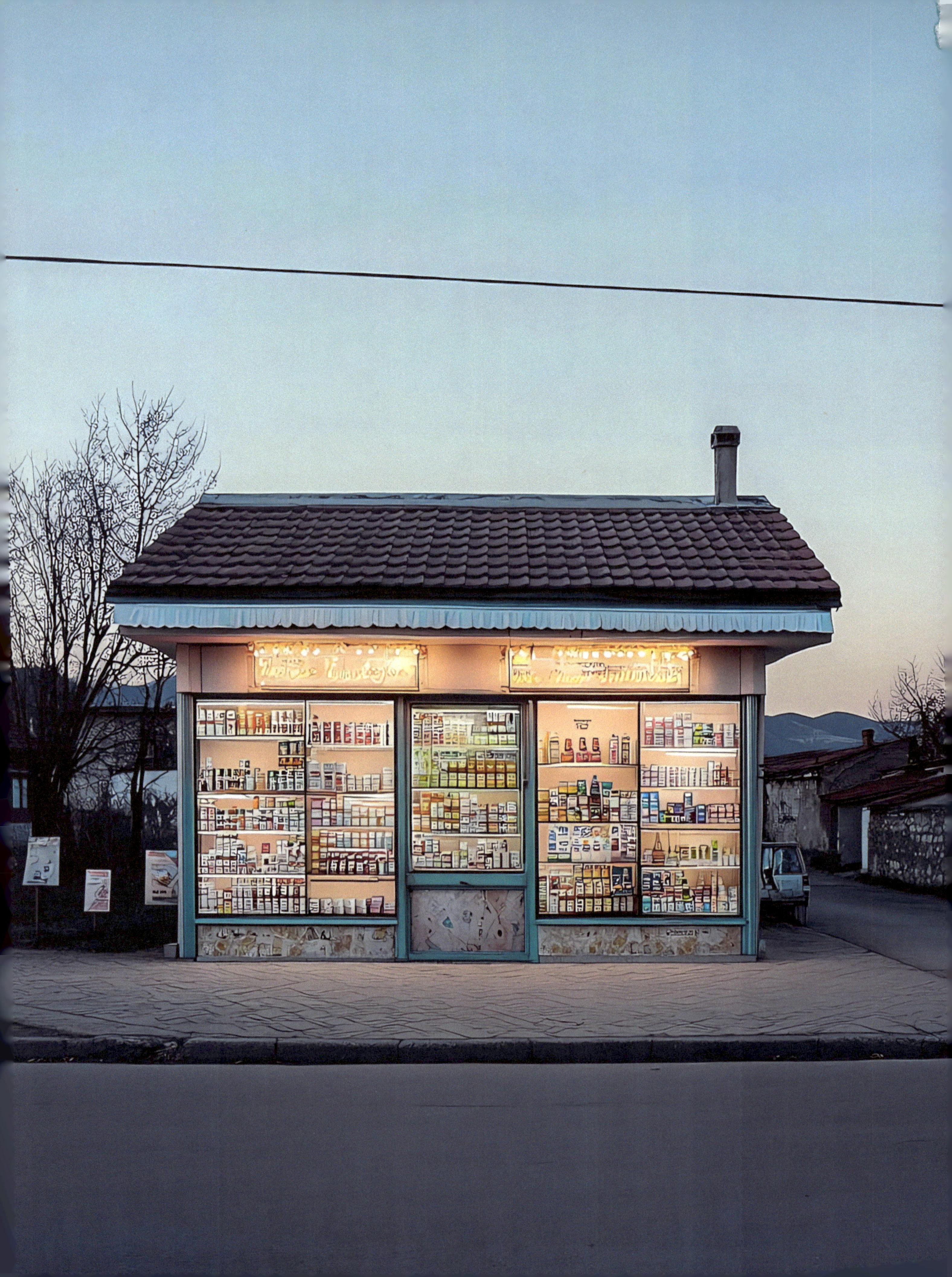

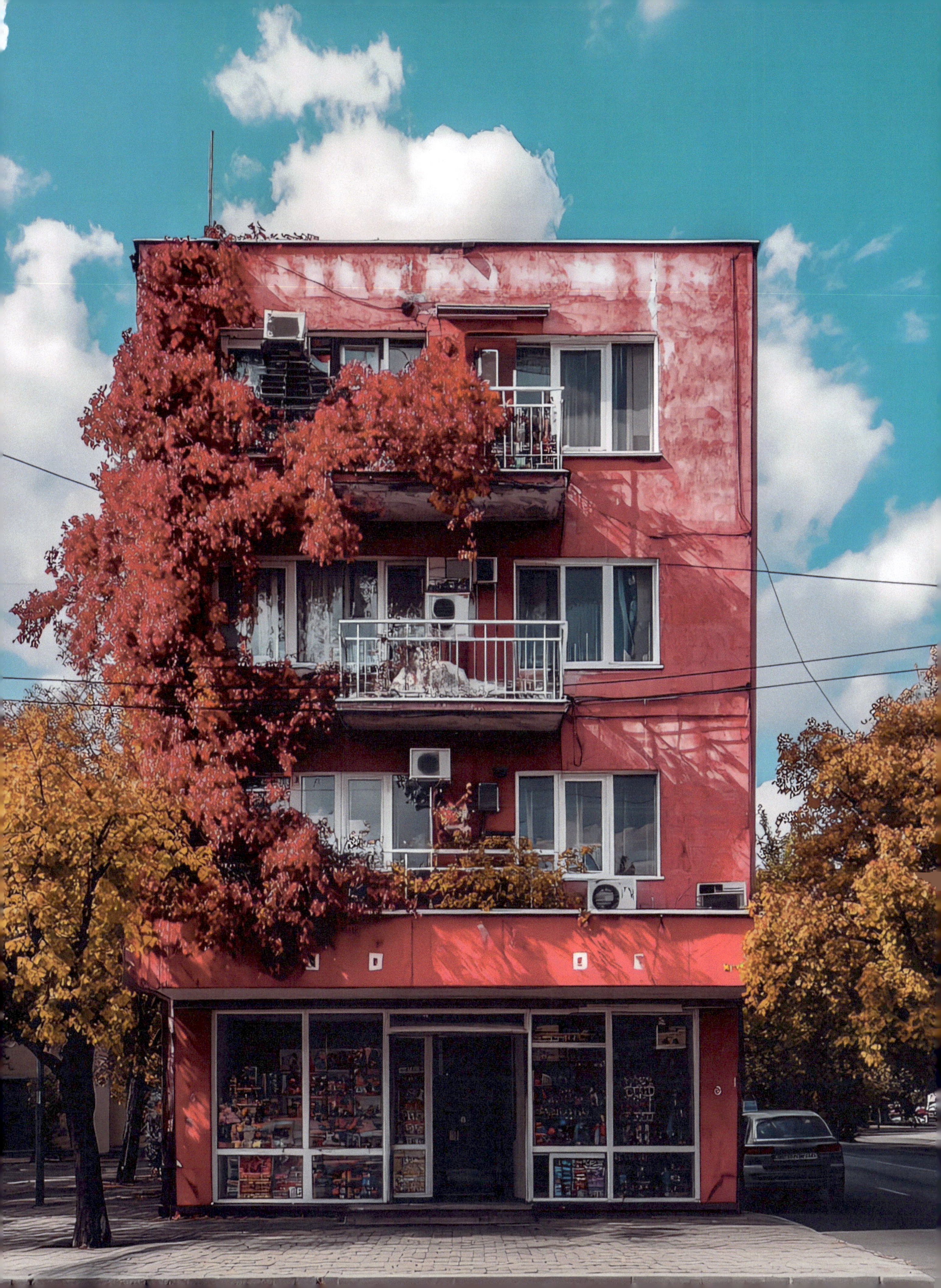

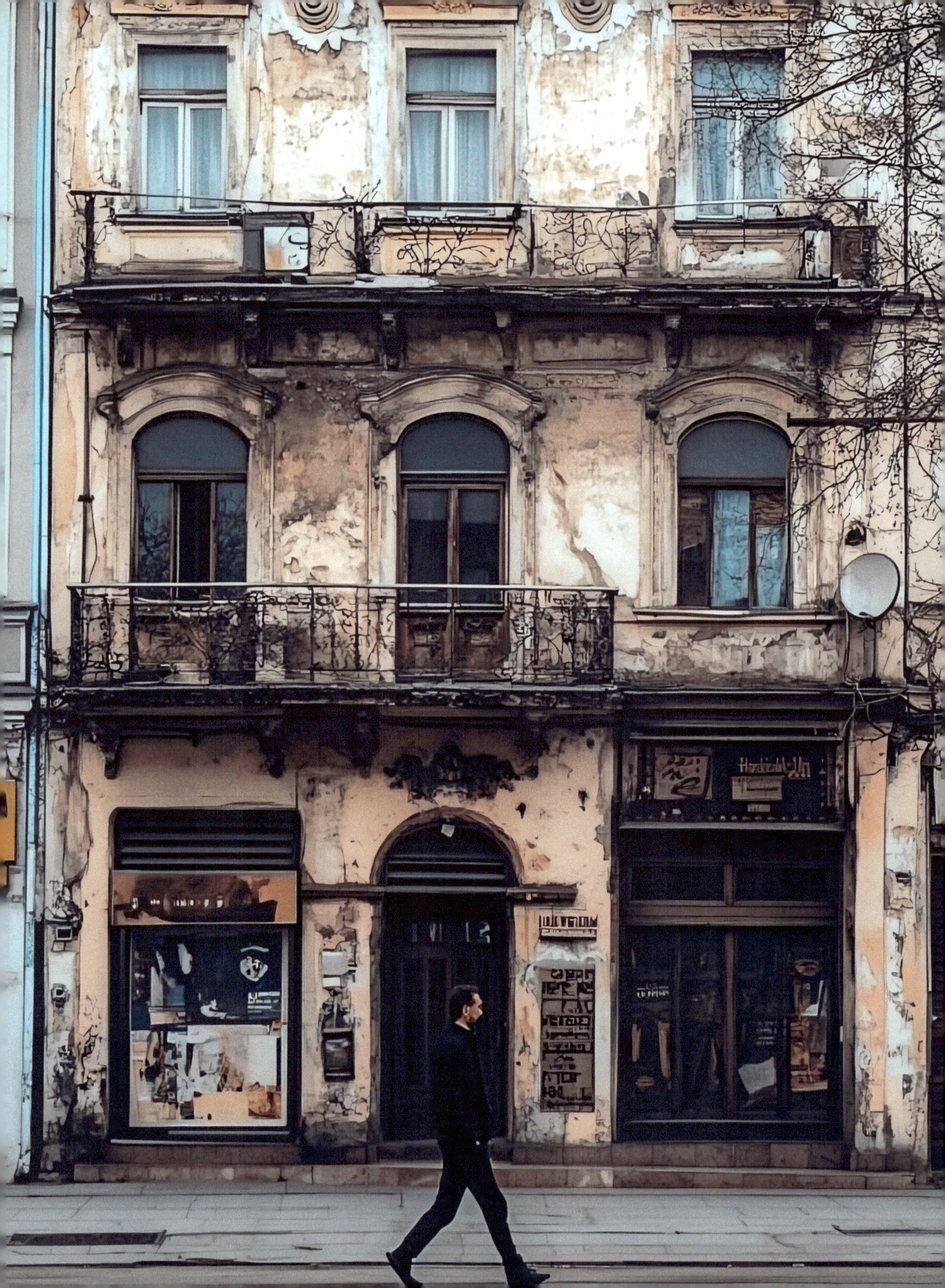

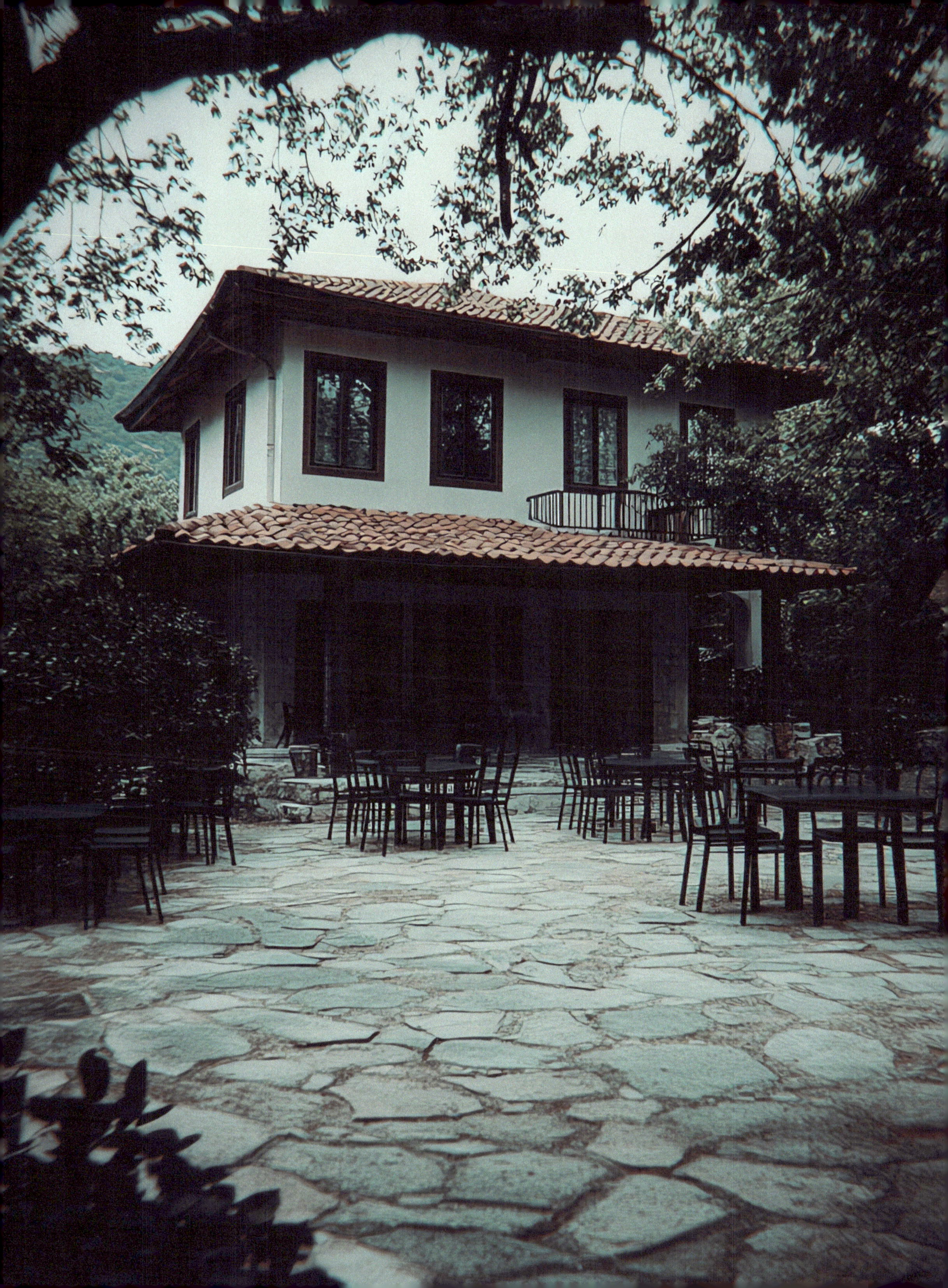

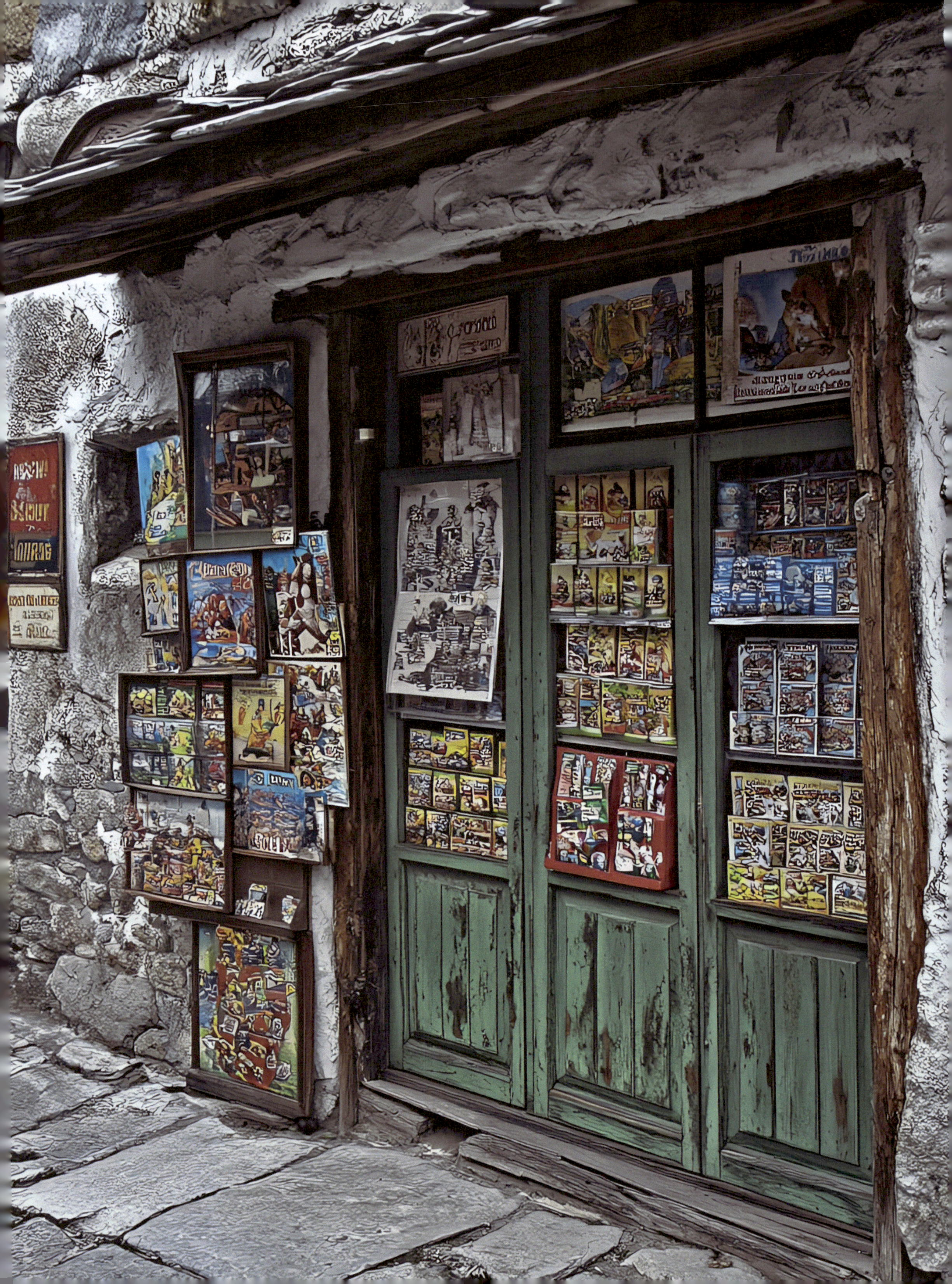

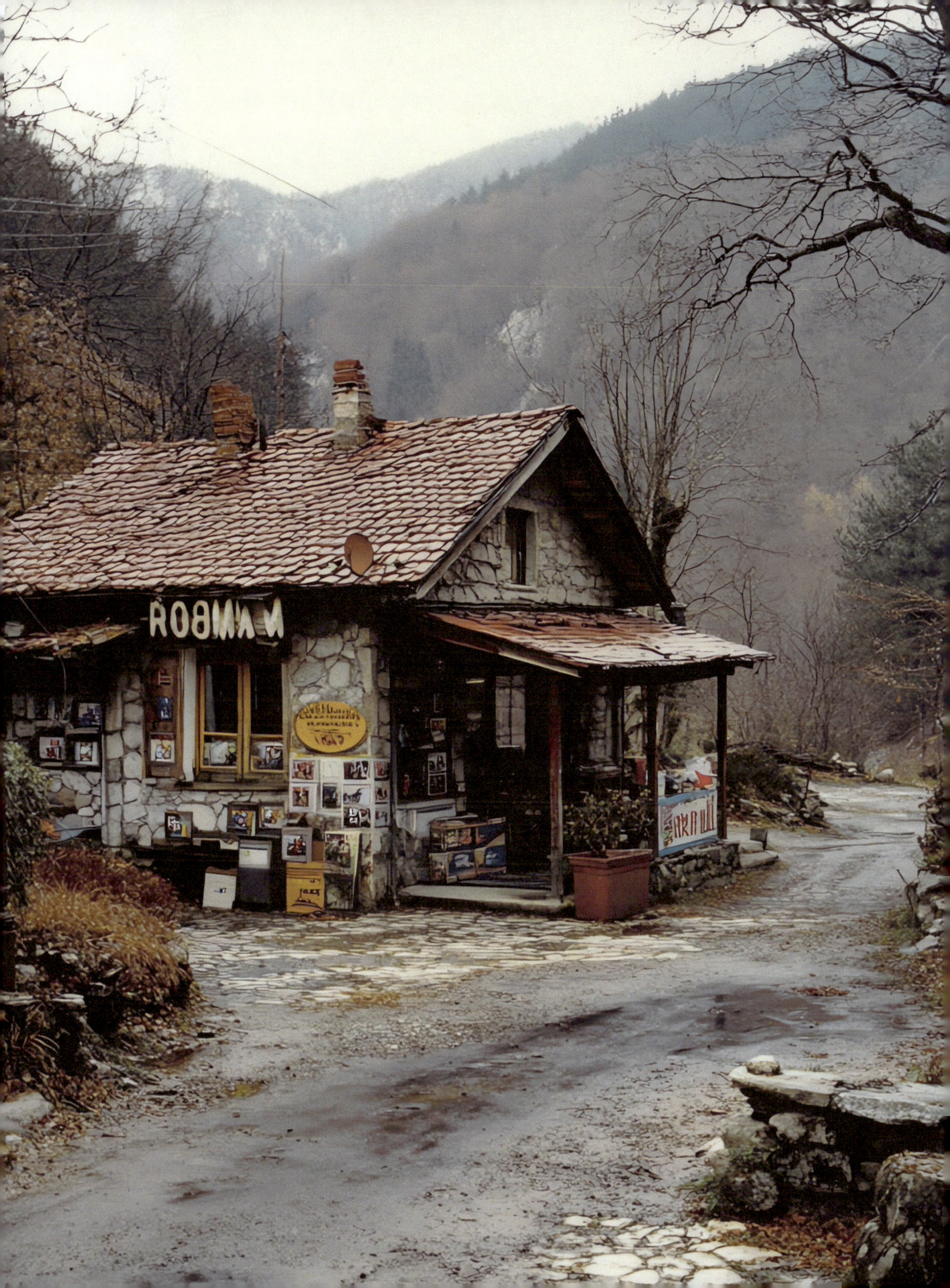

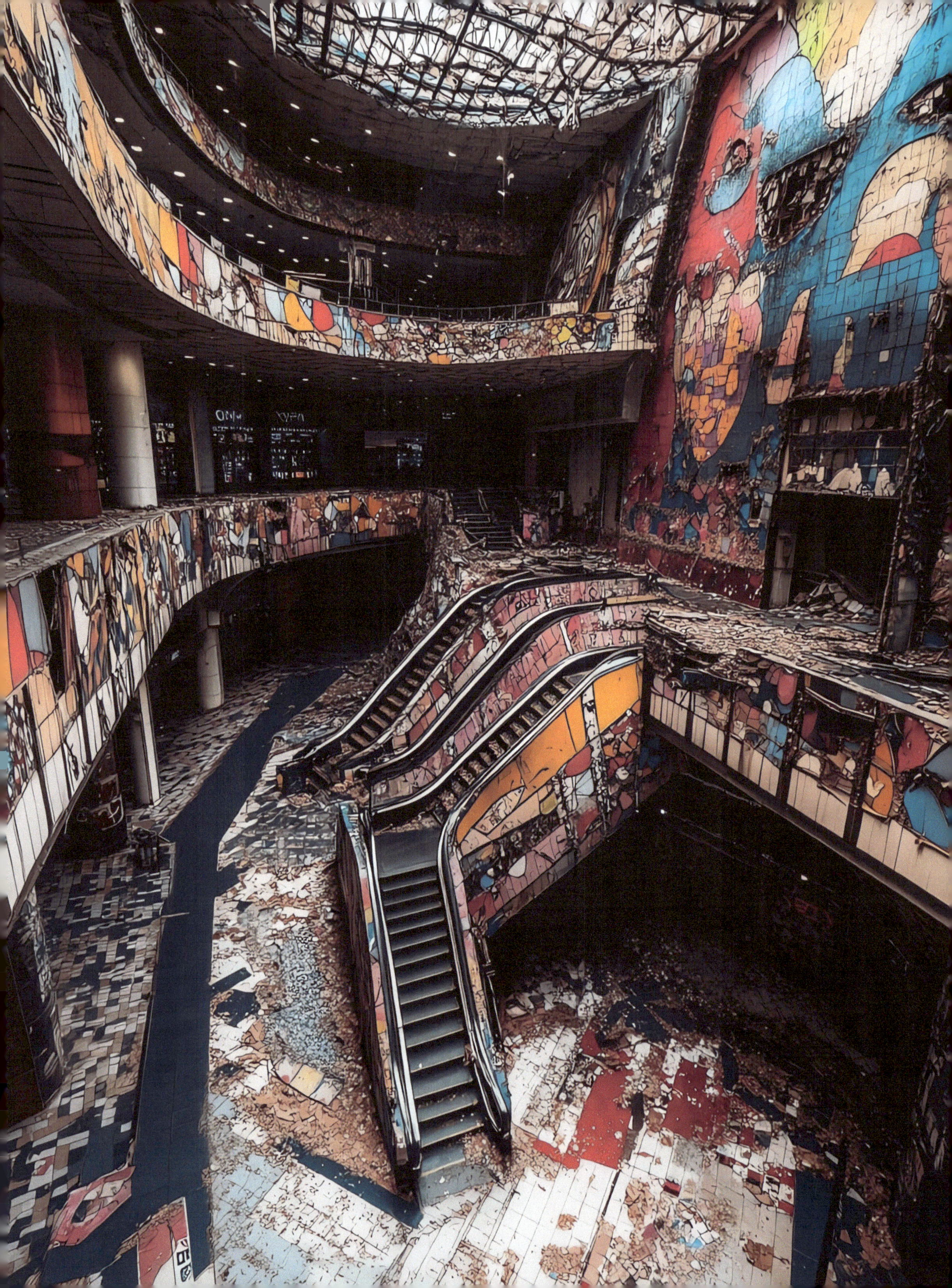

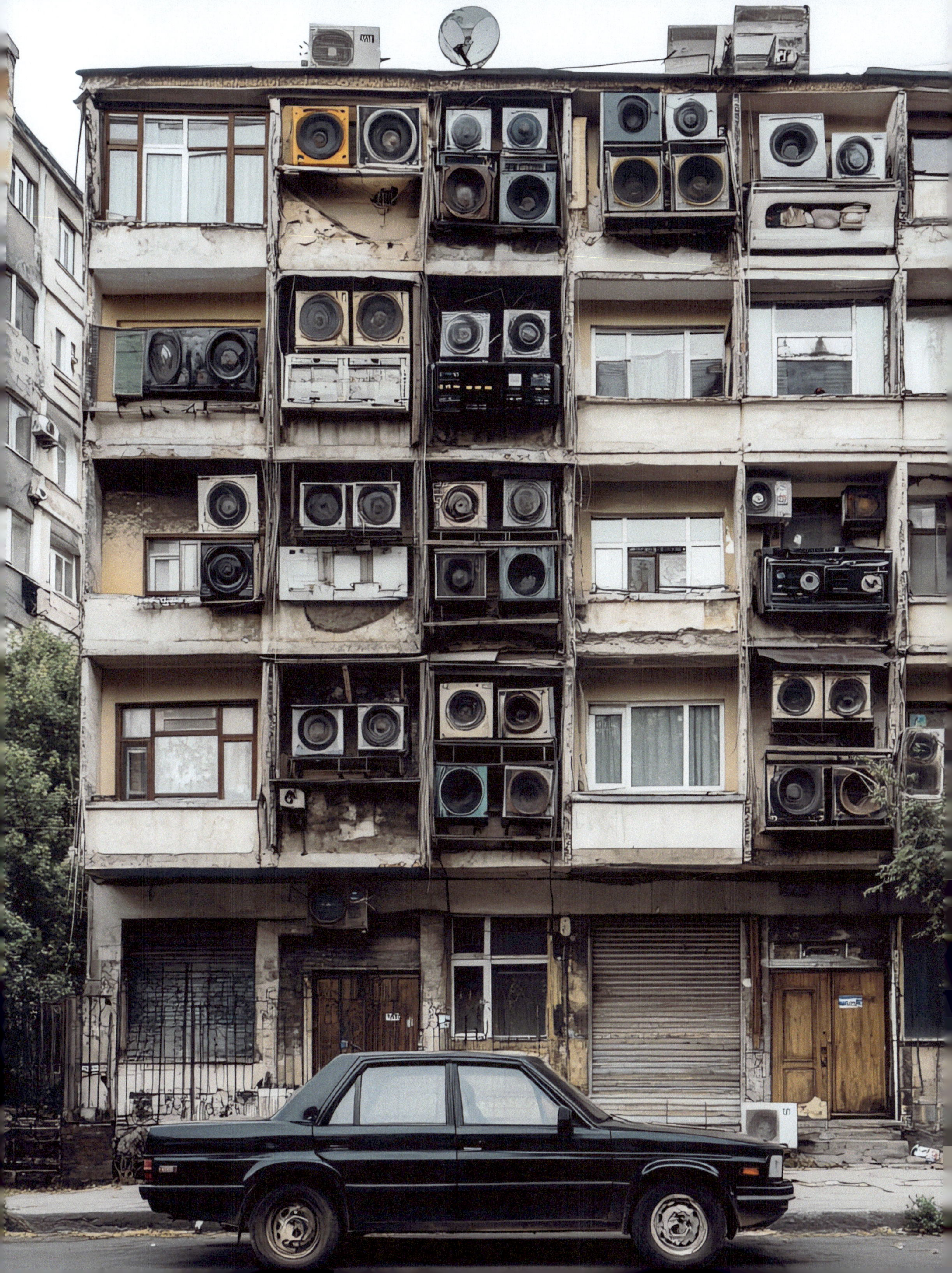

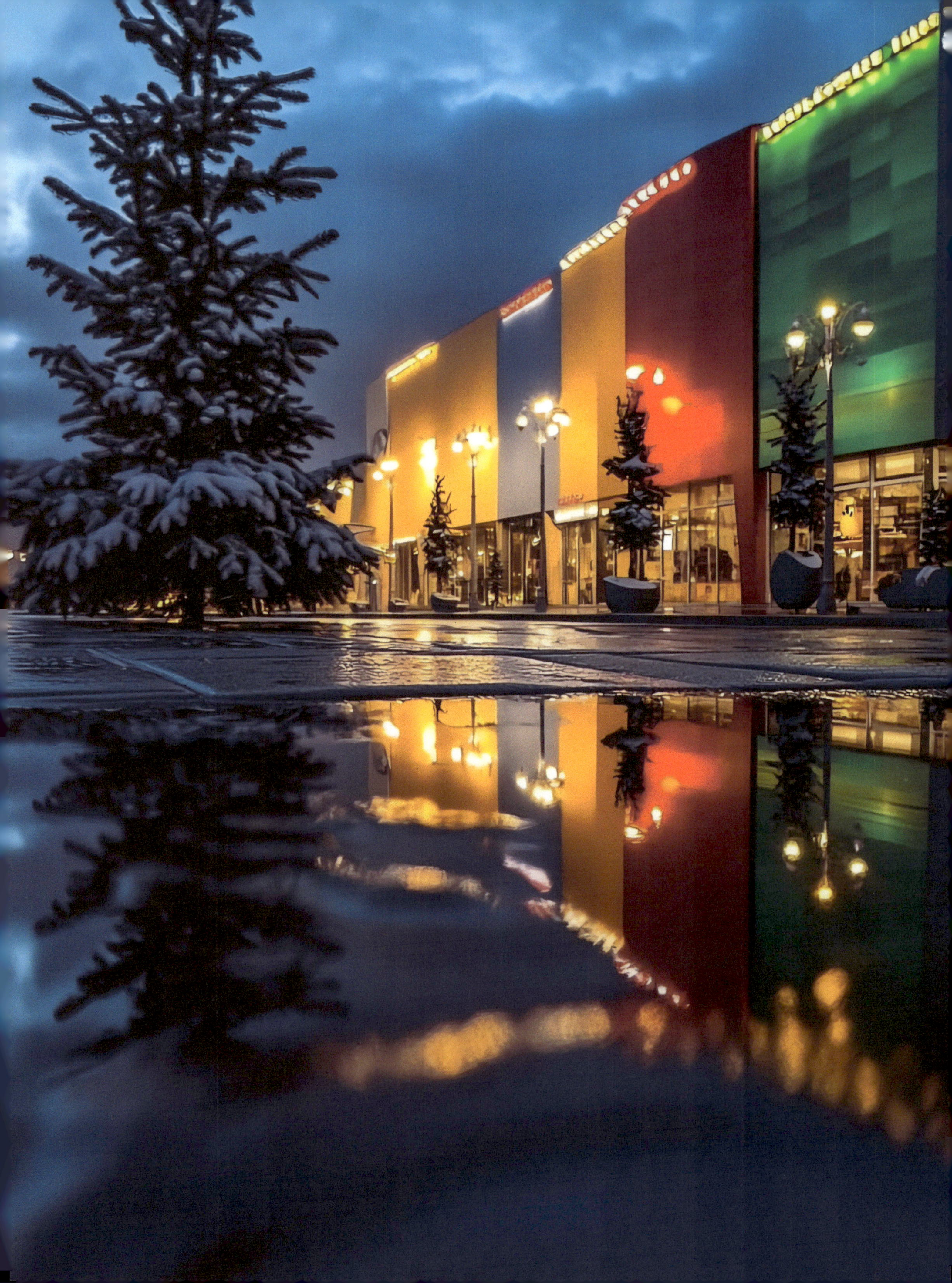

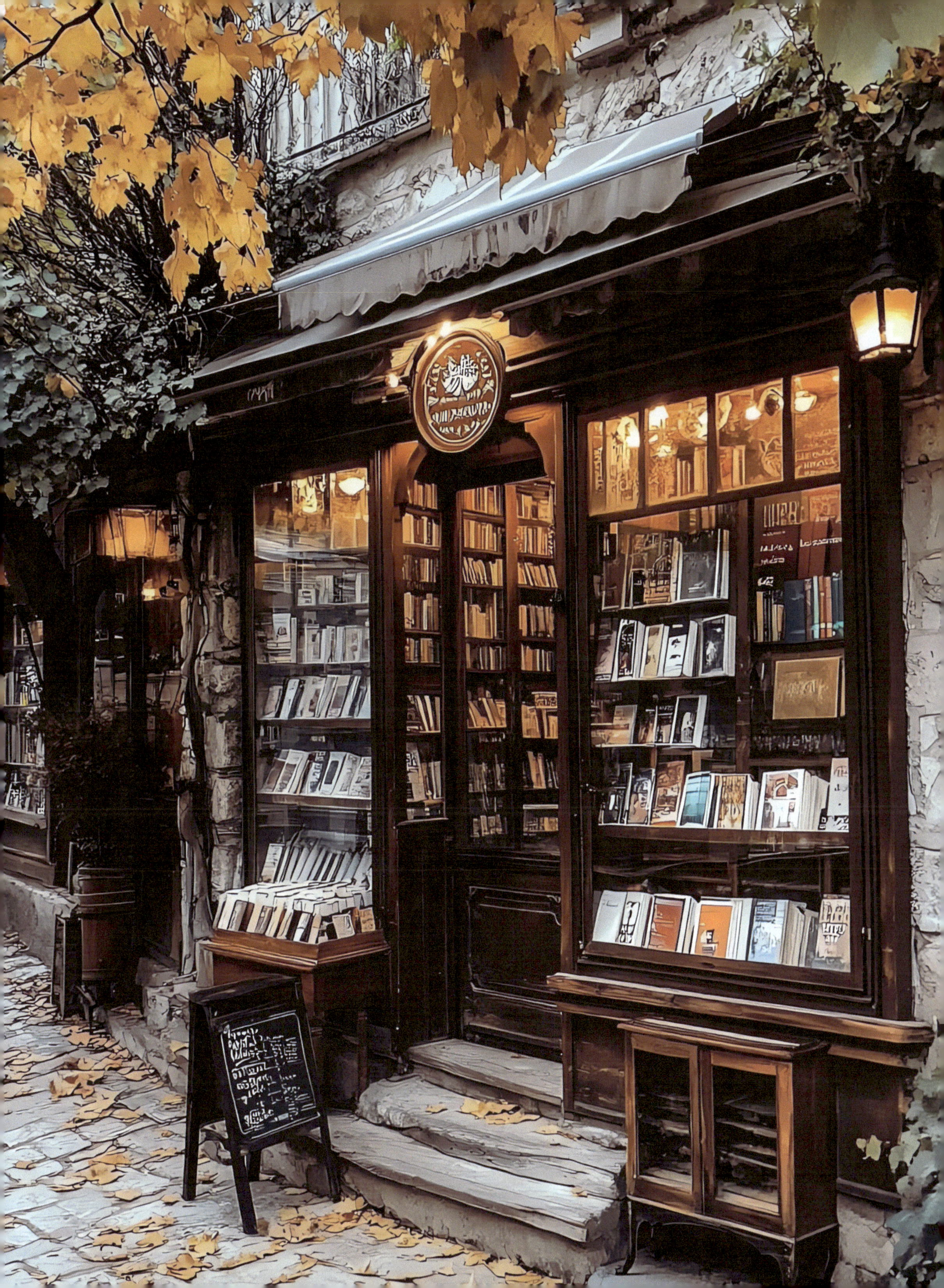

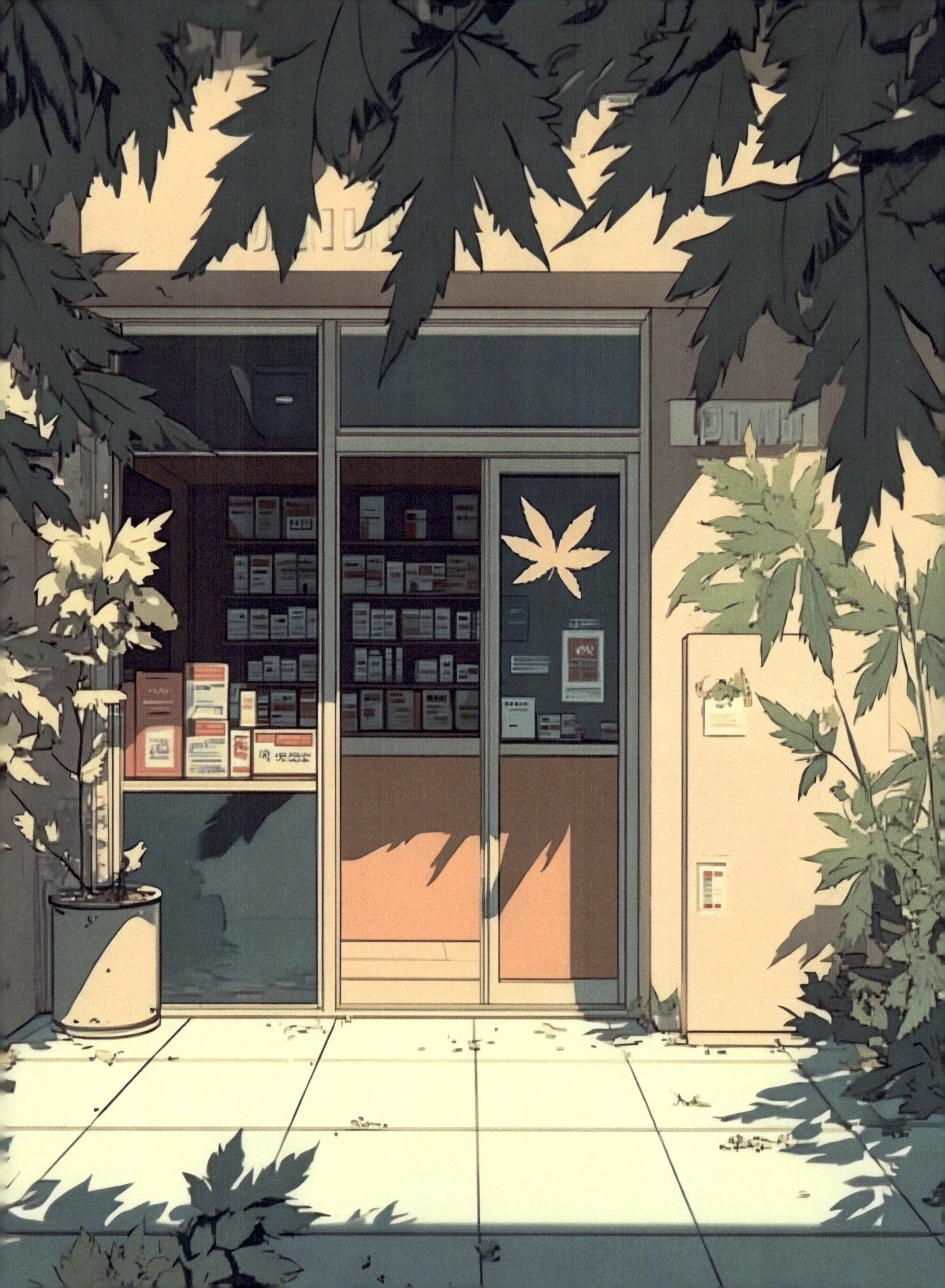

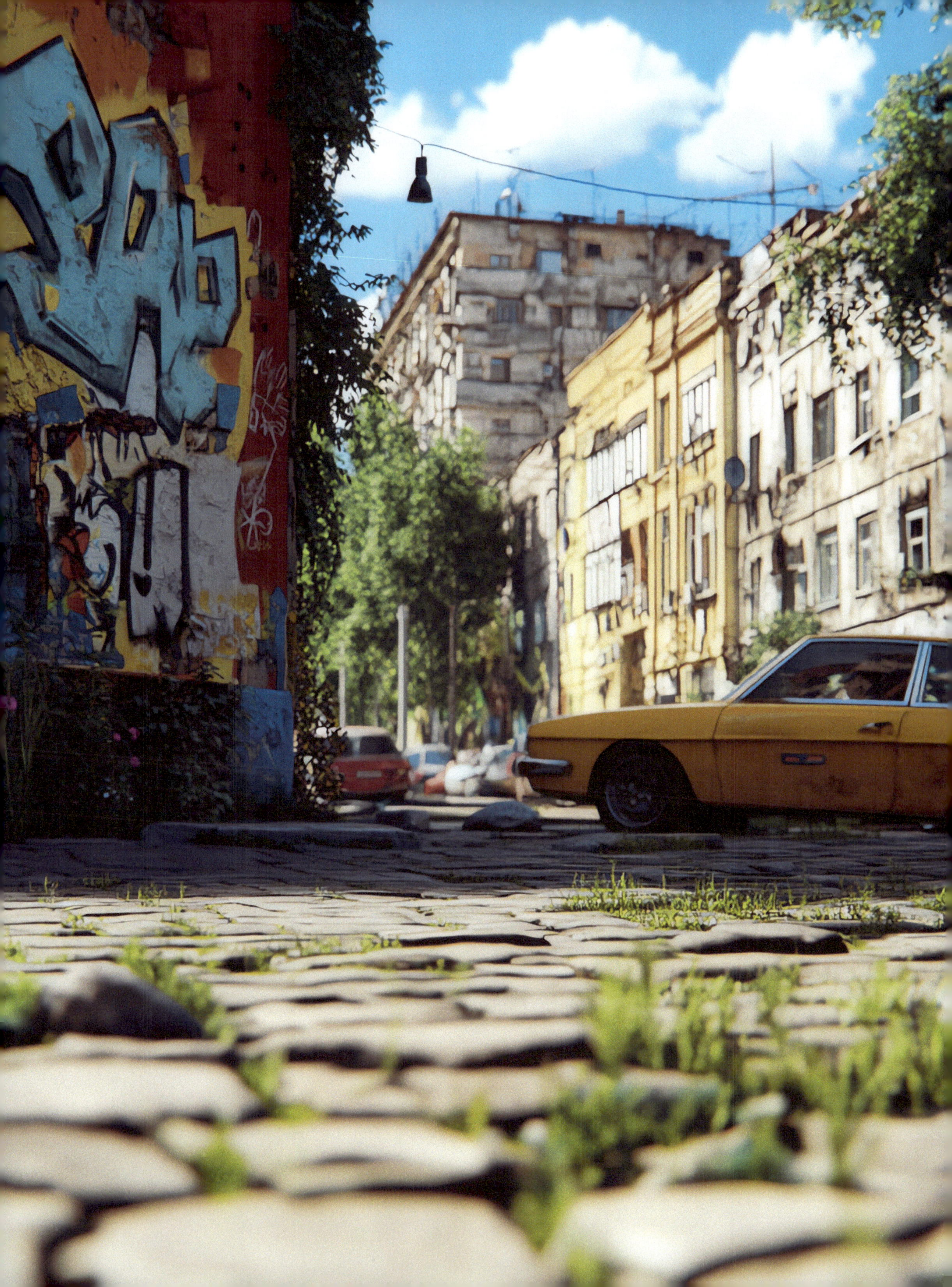

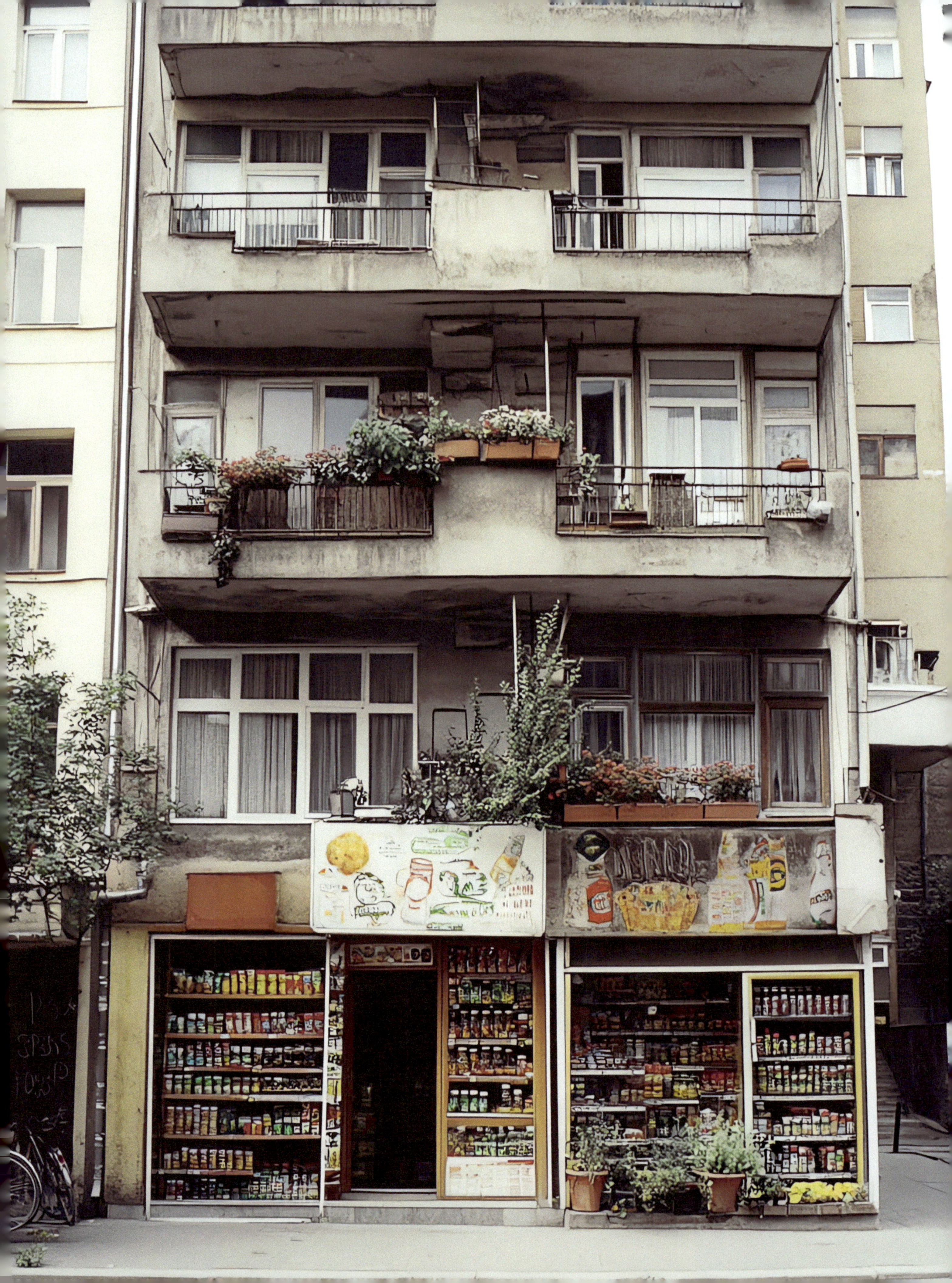

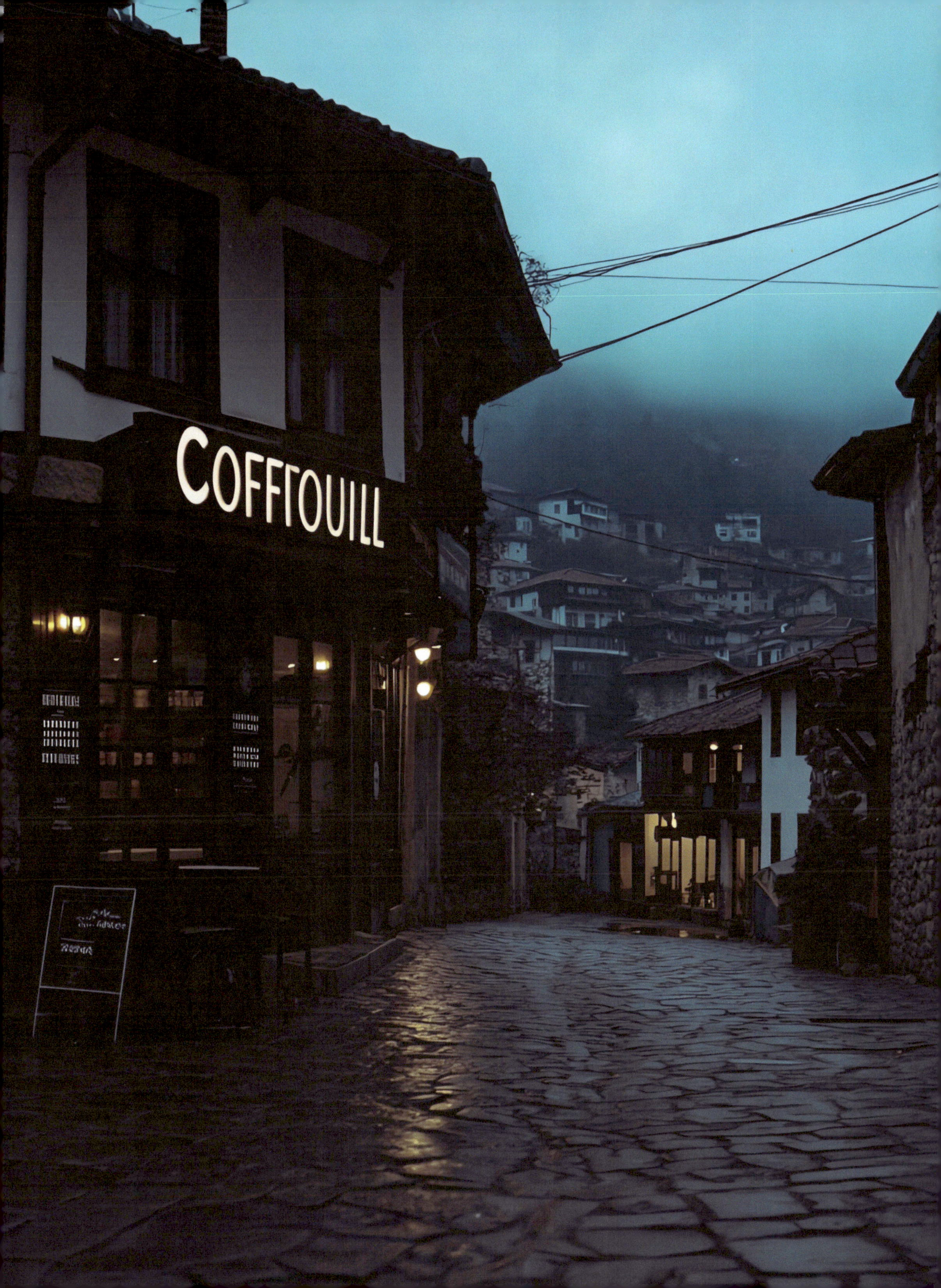
COFFTOUILL

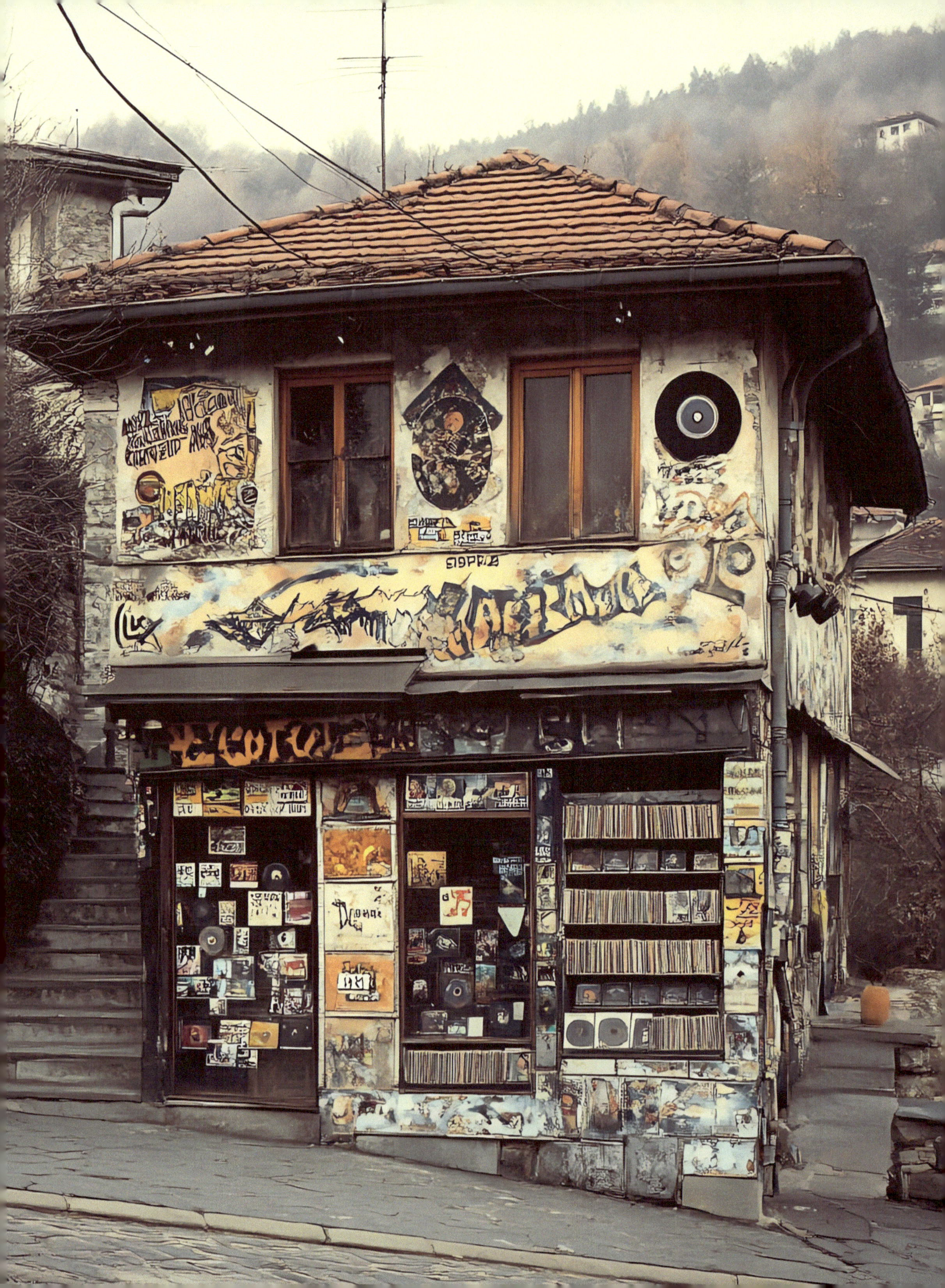

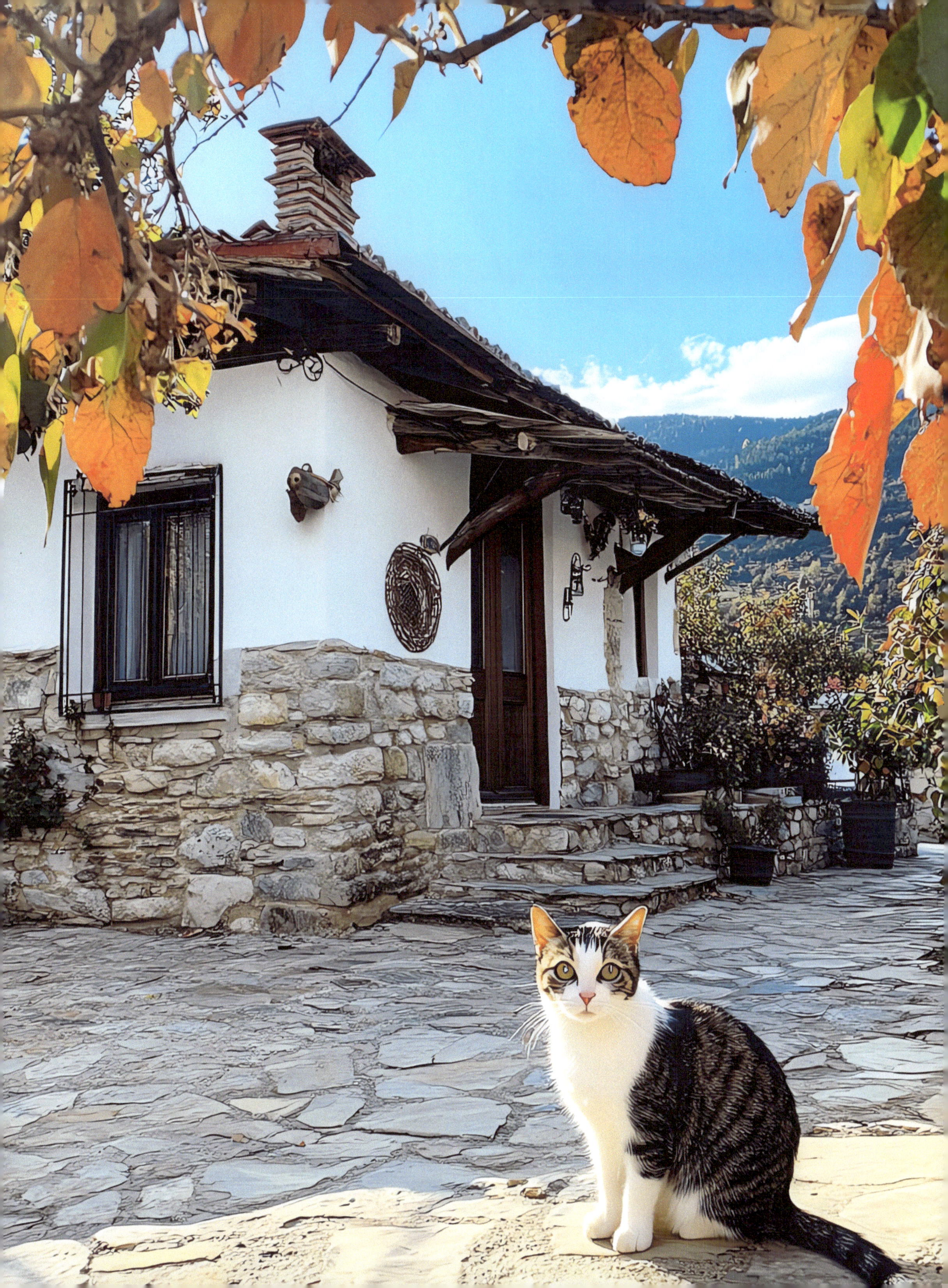

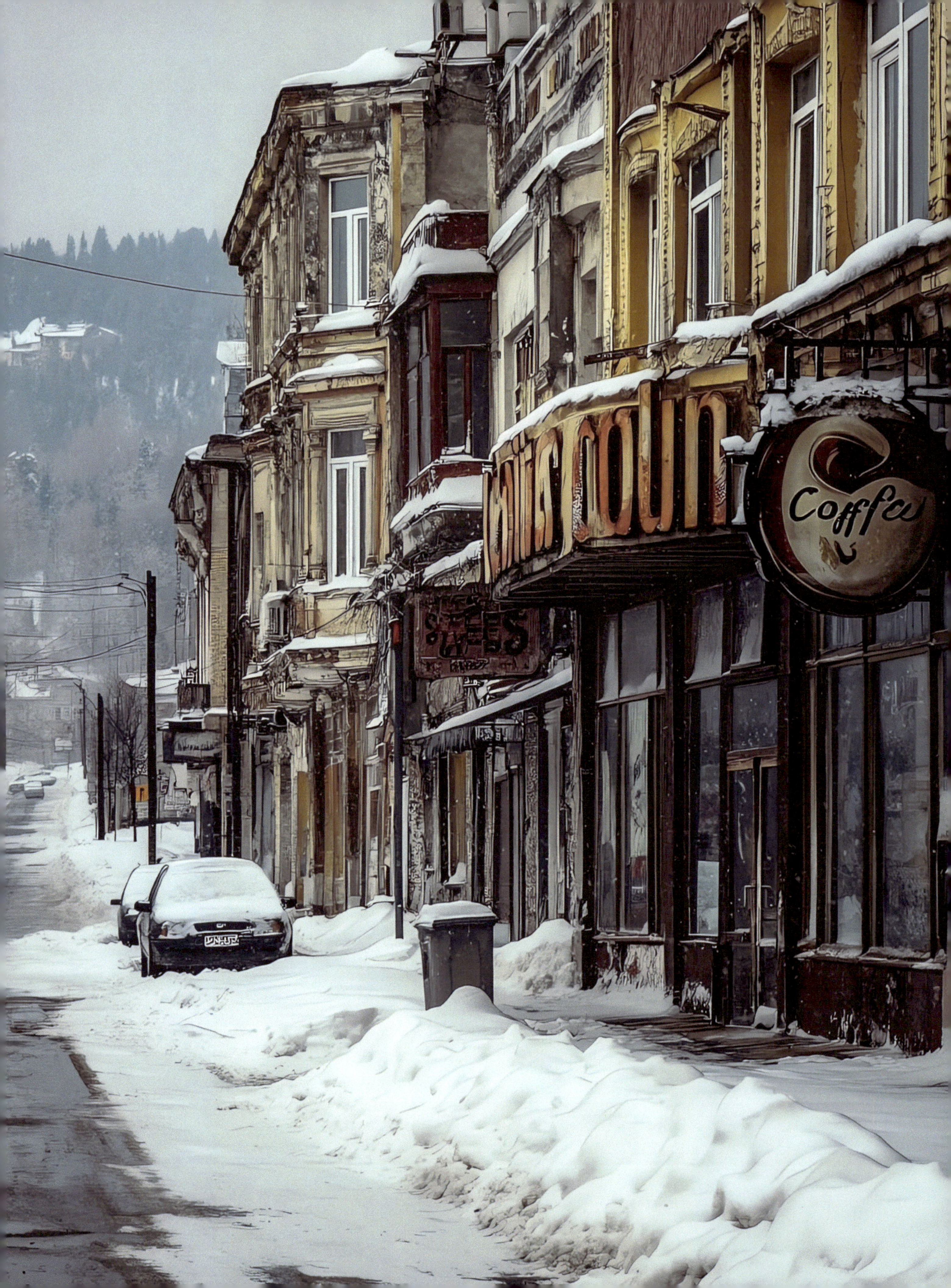

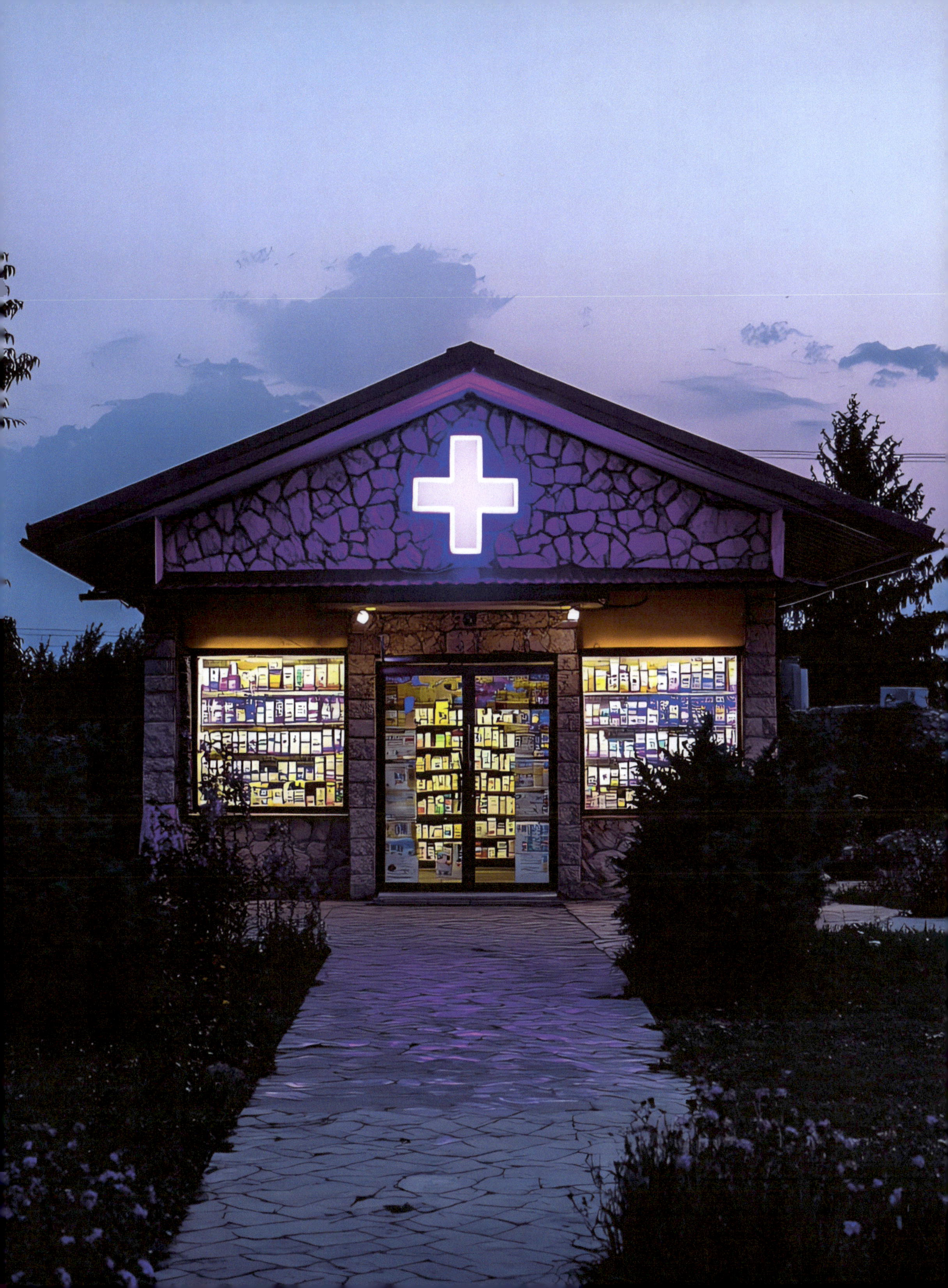

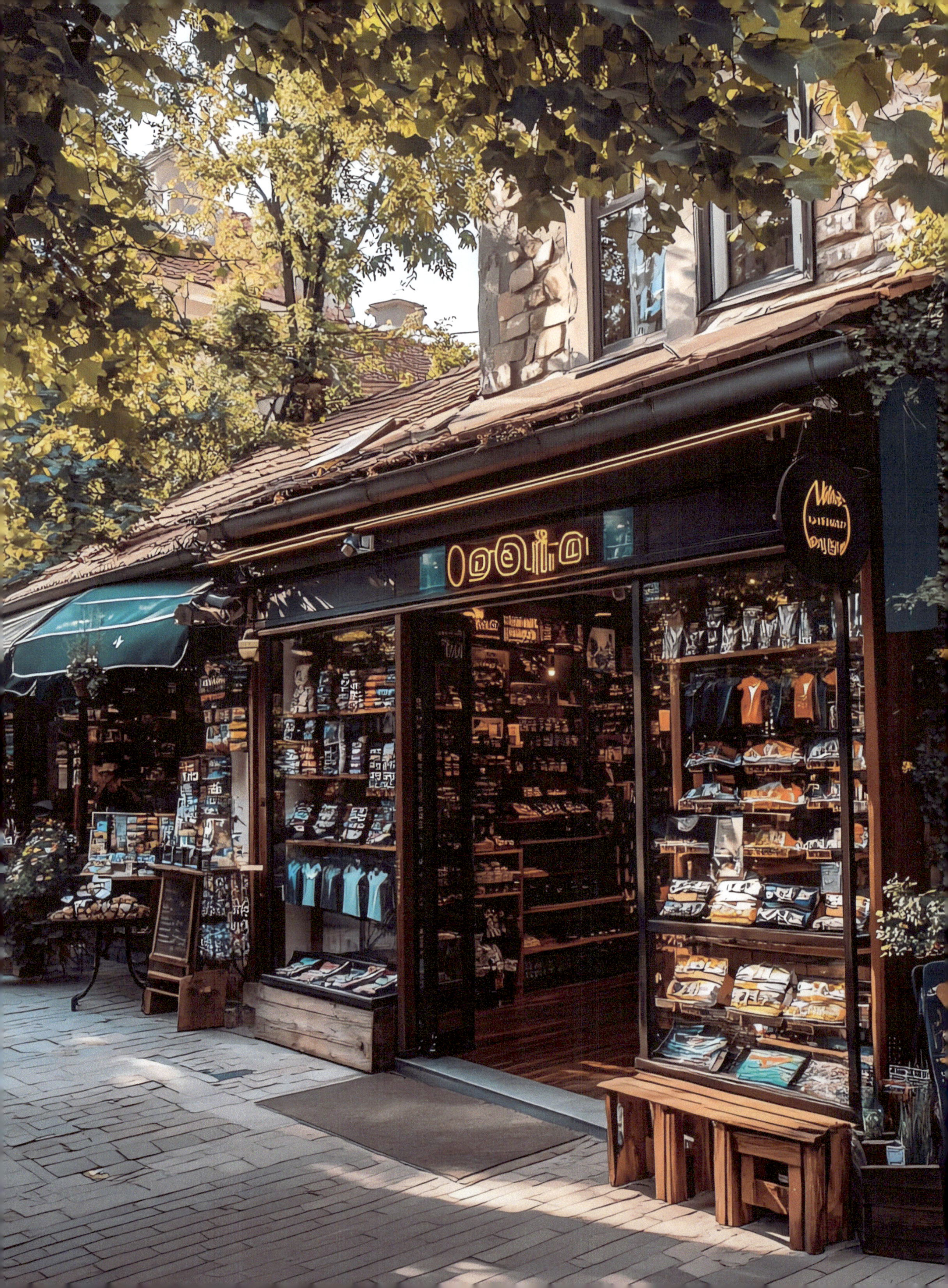

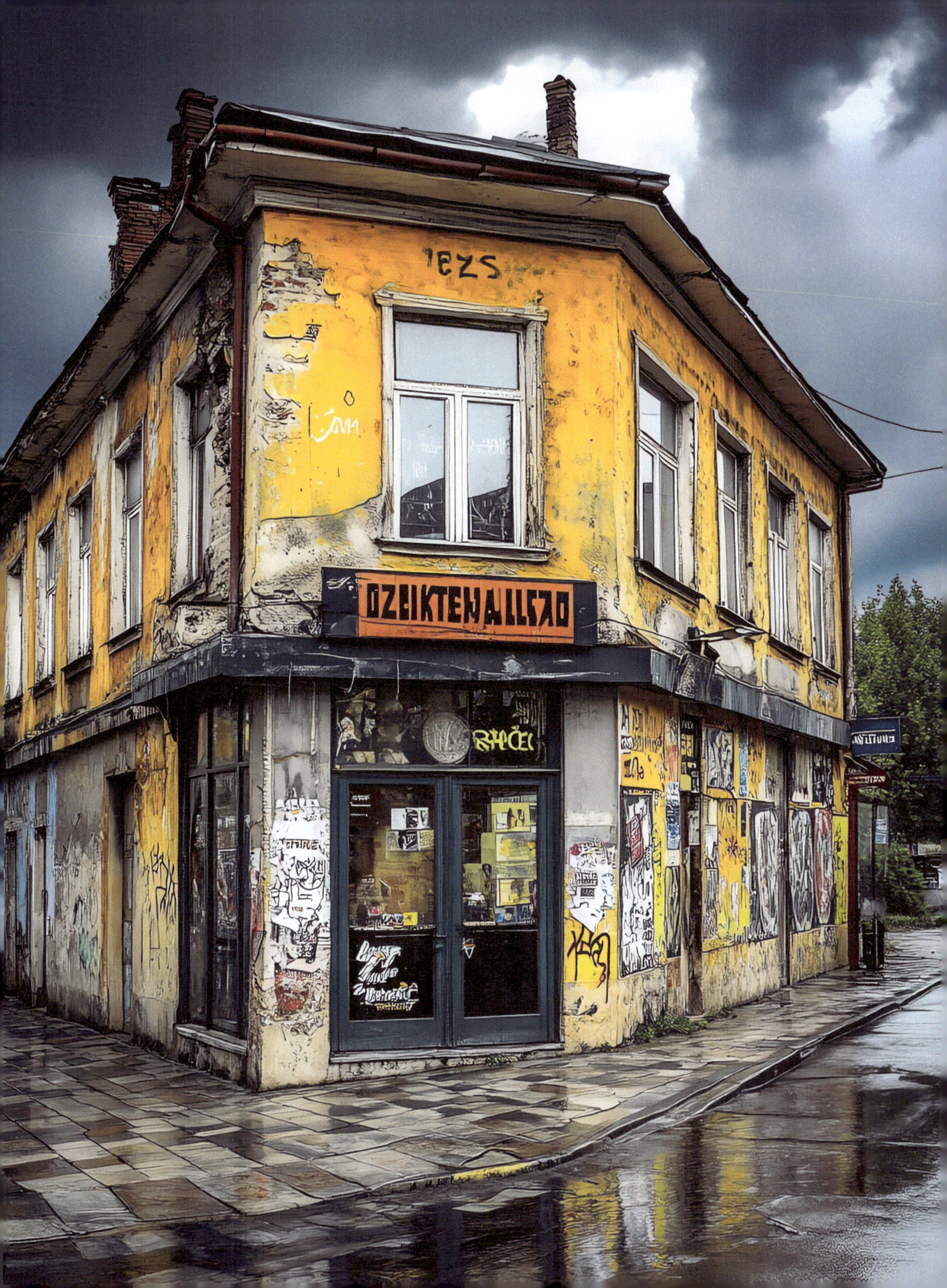

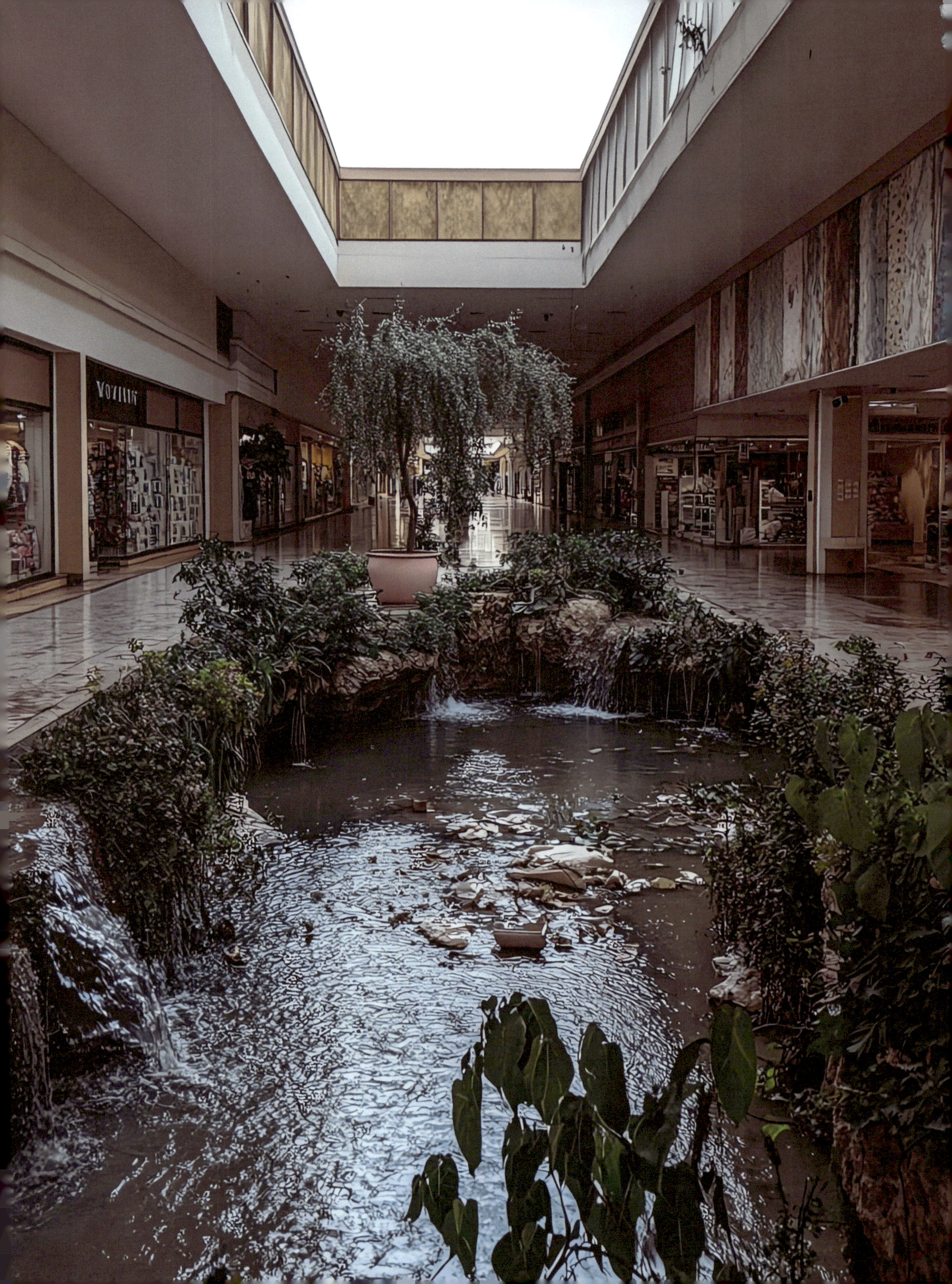

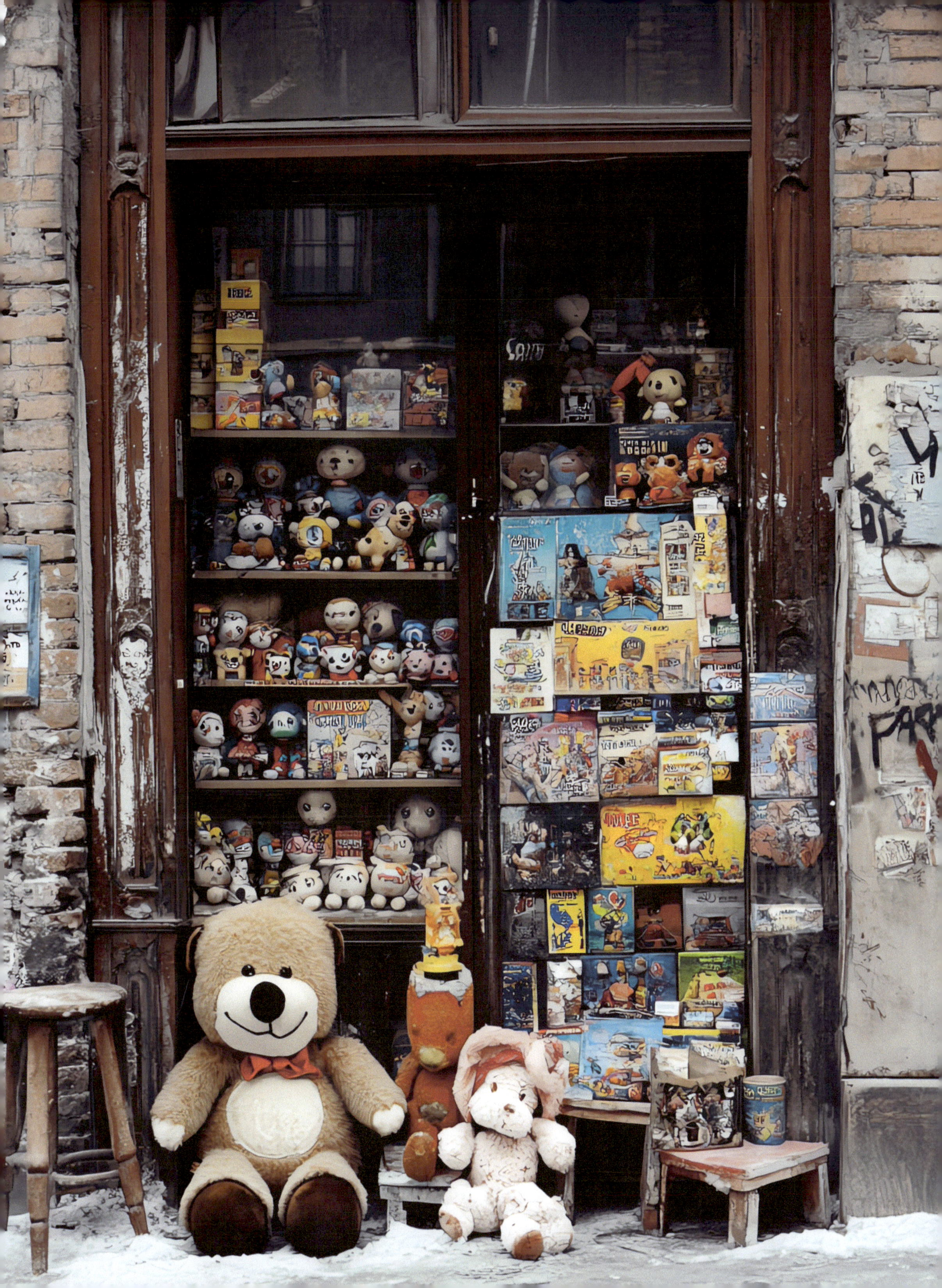

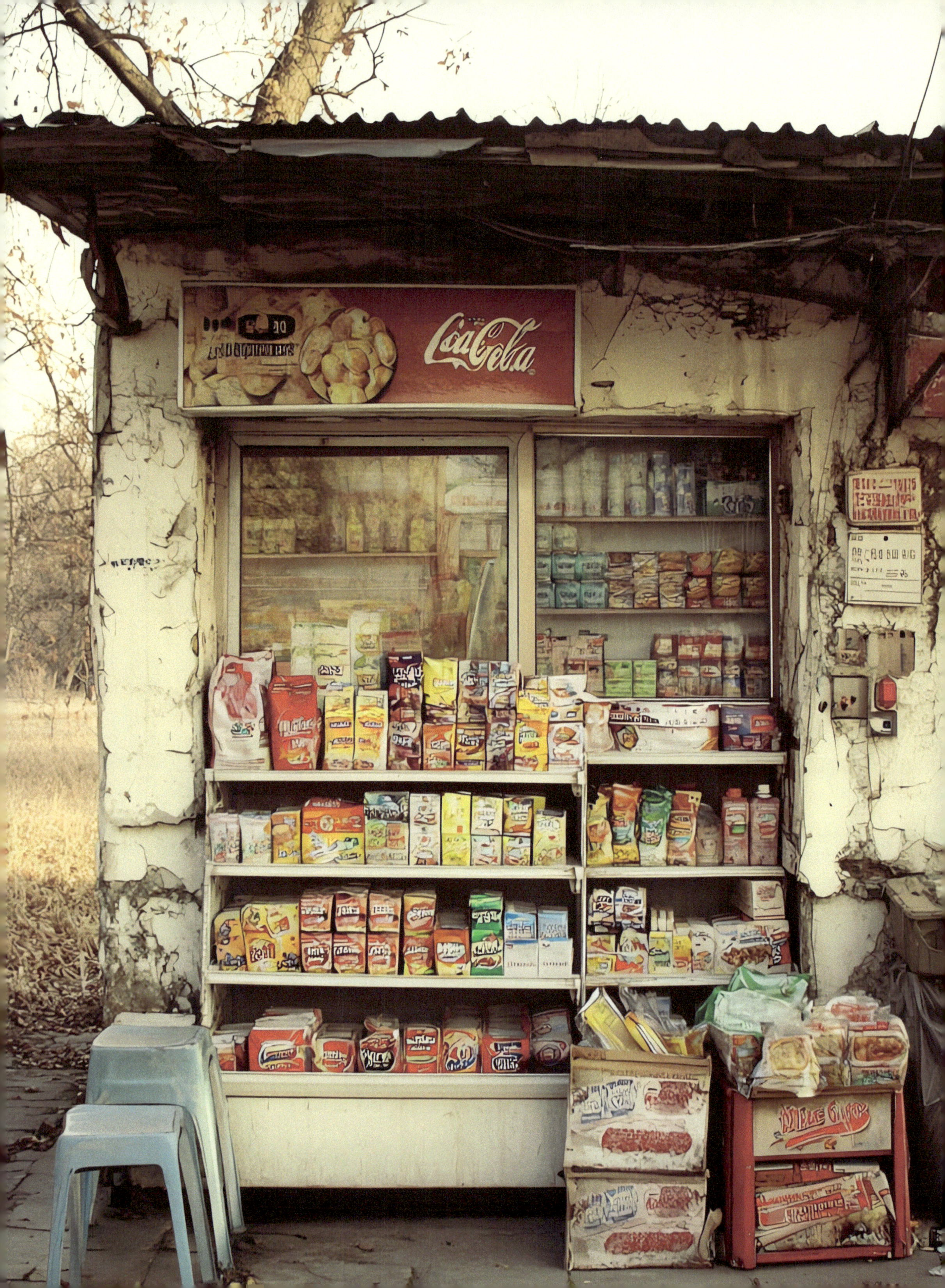

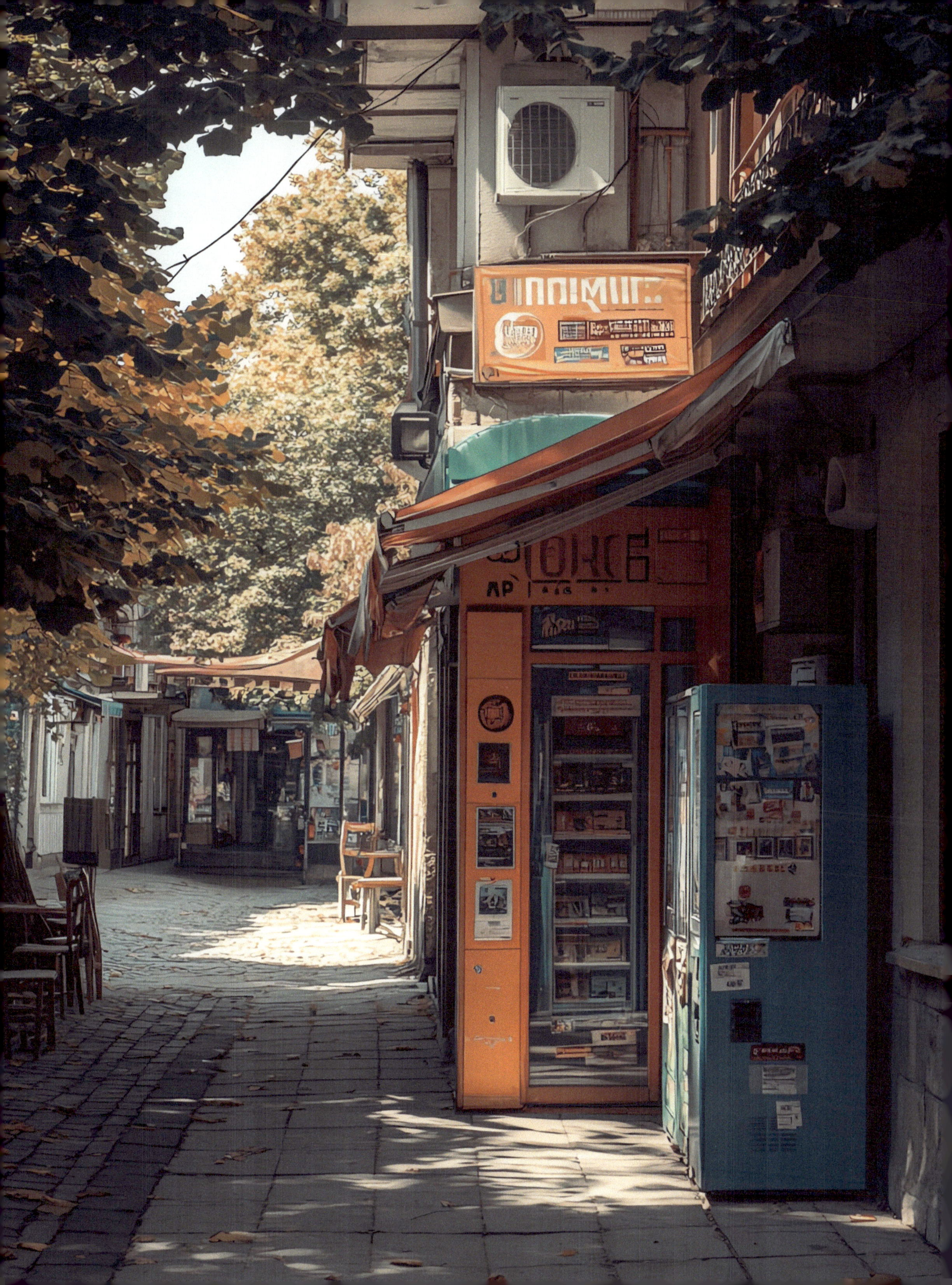

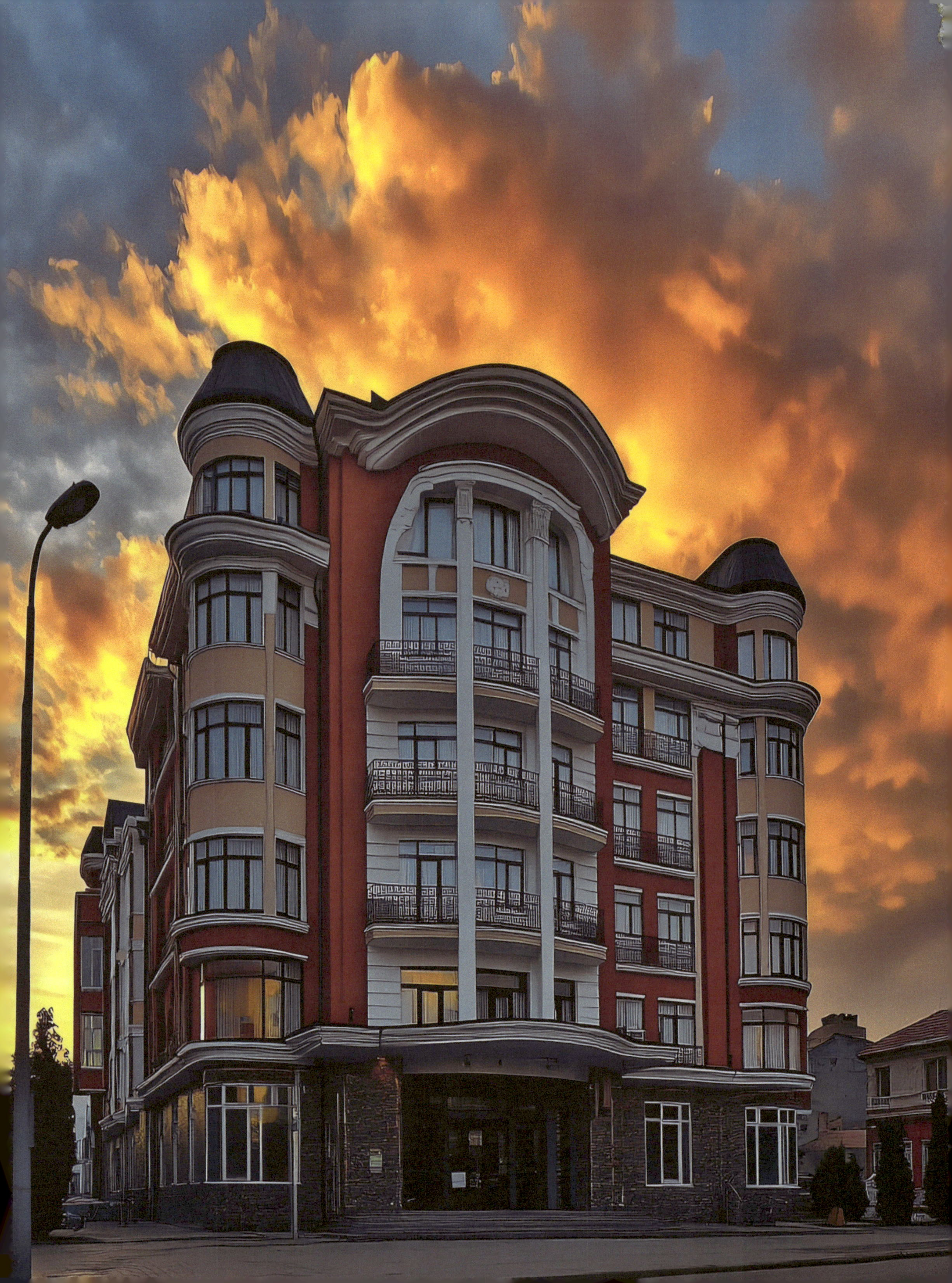

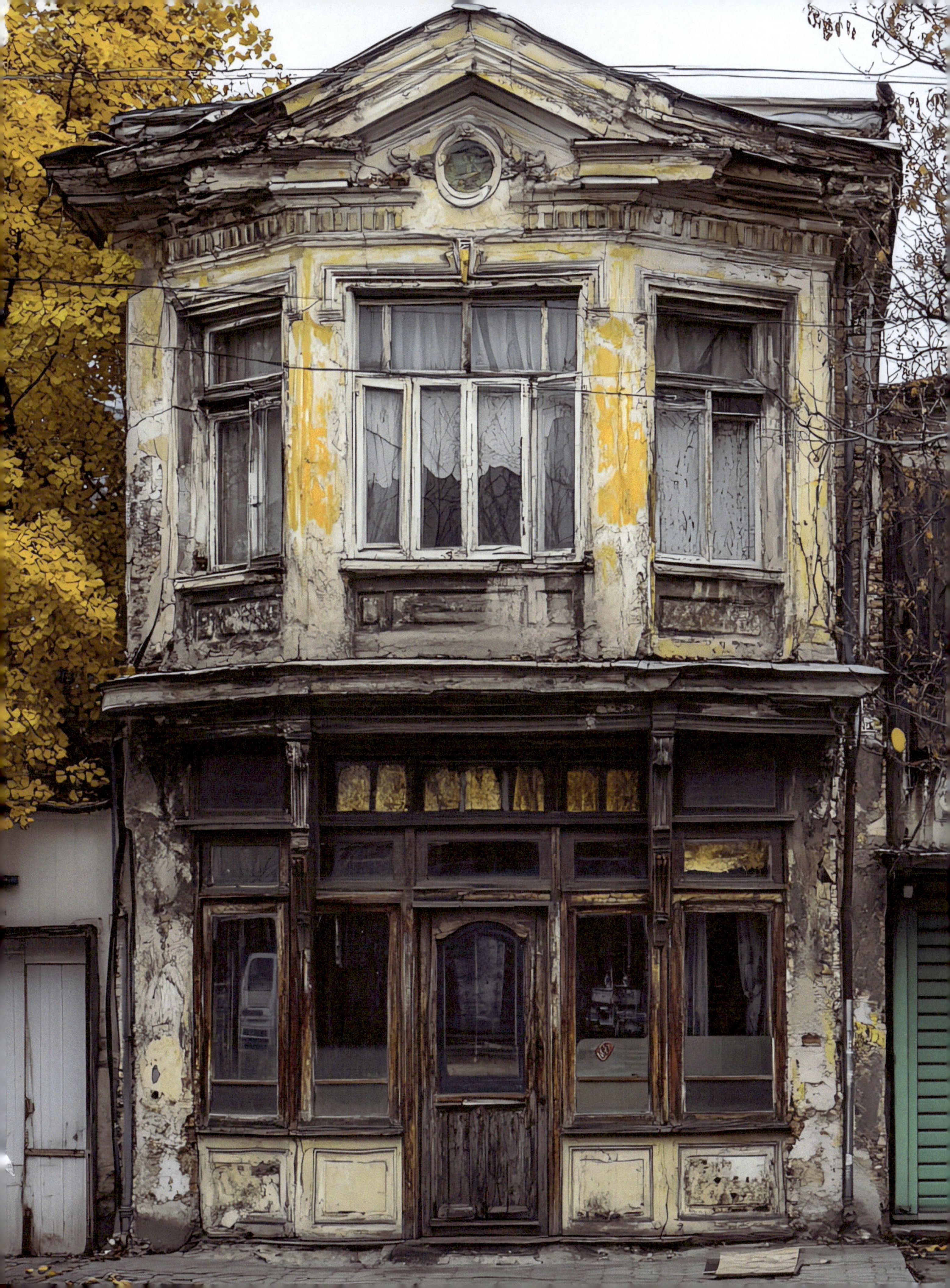

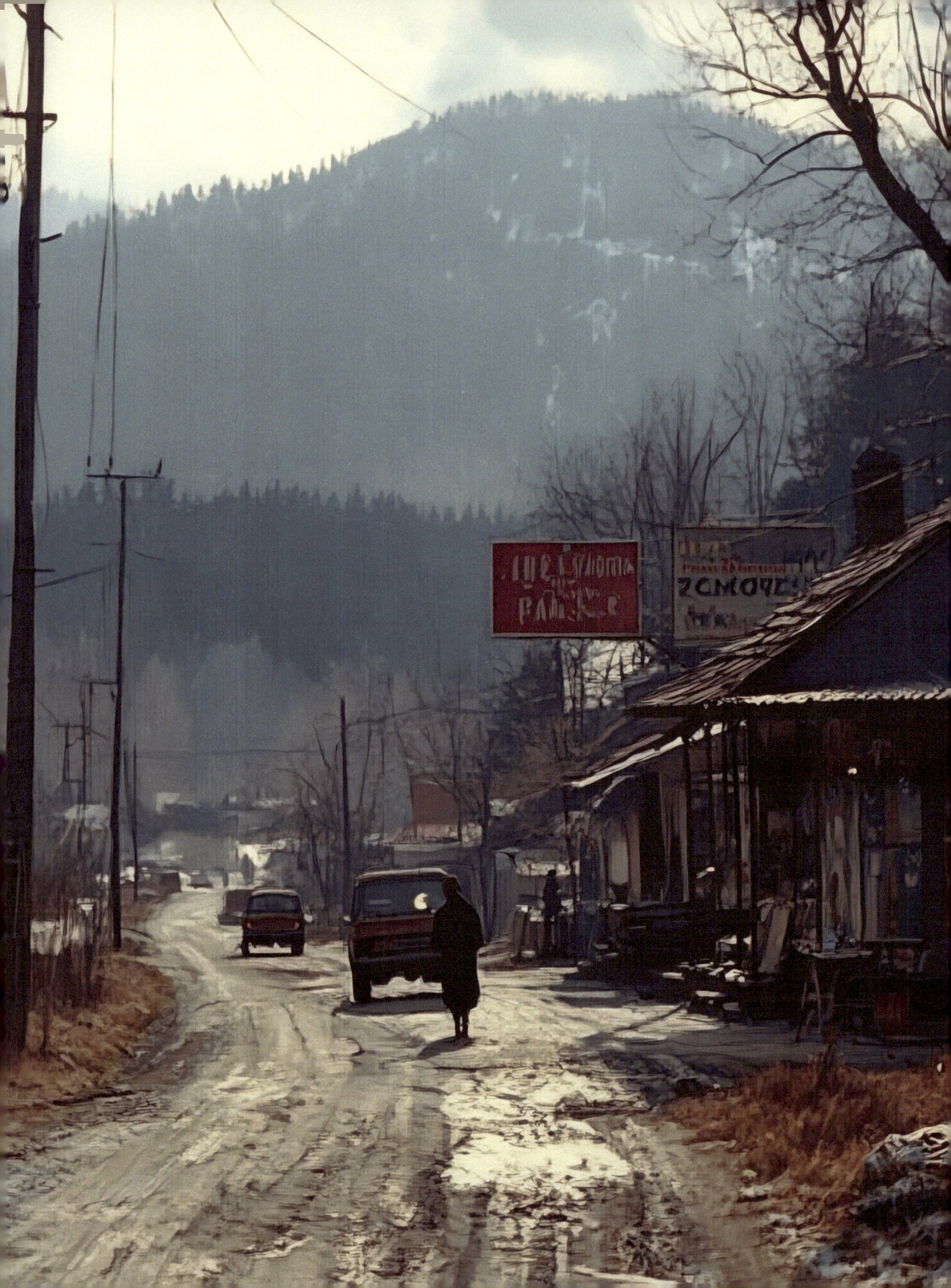

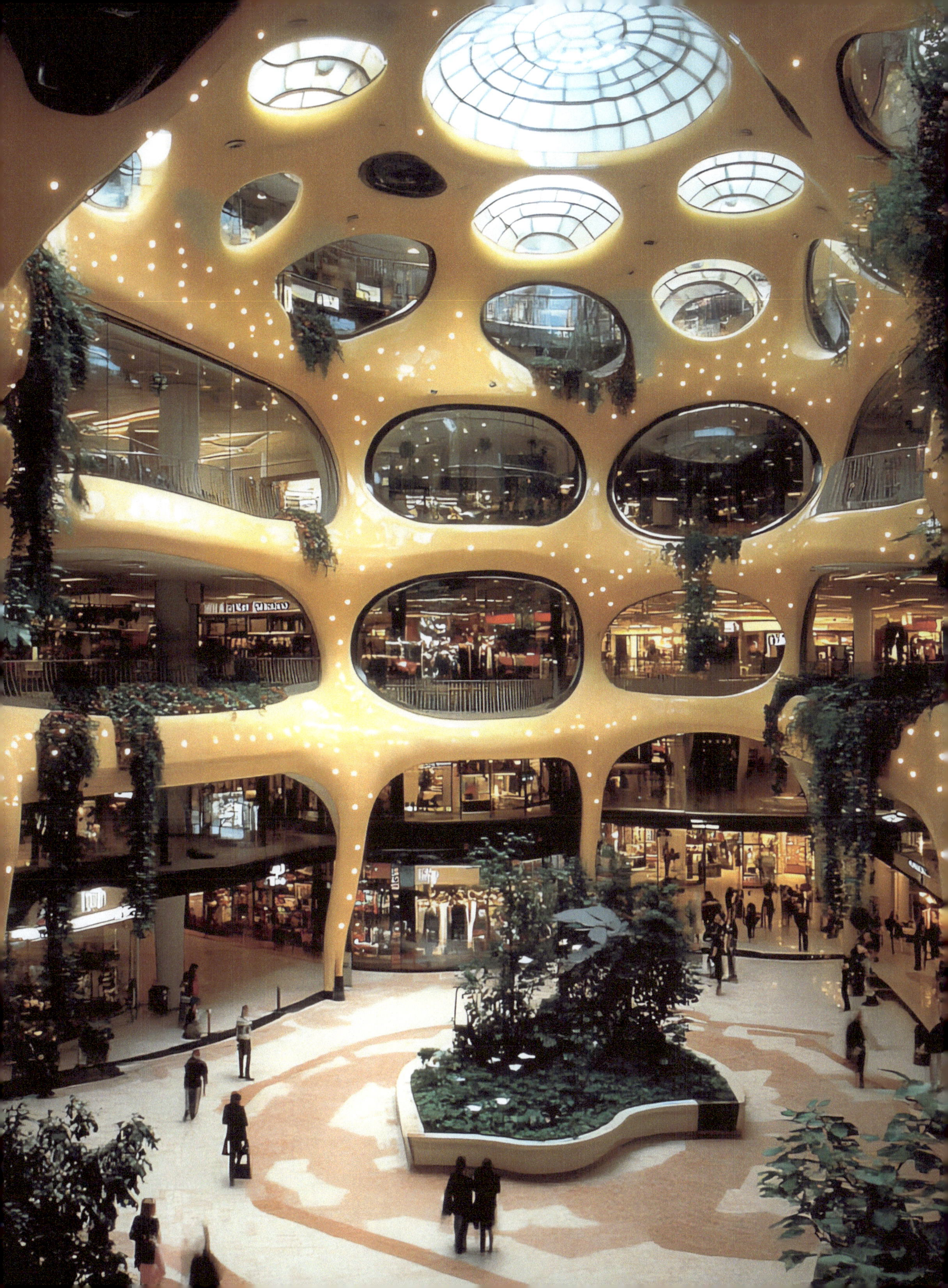

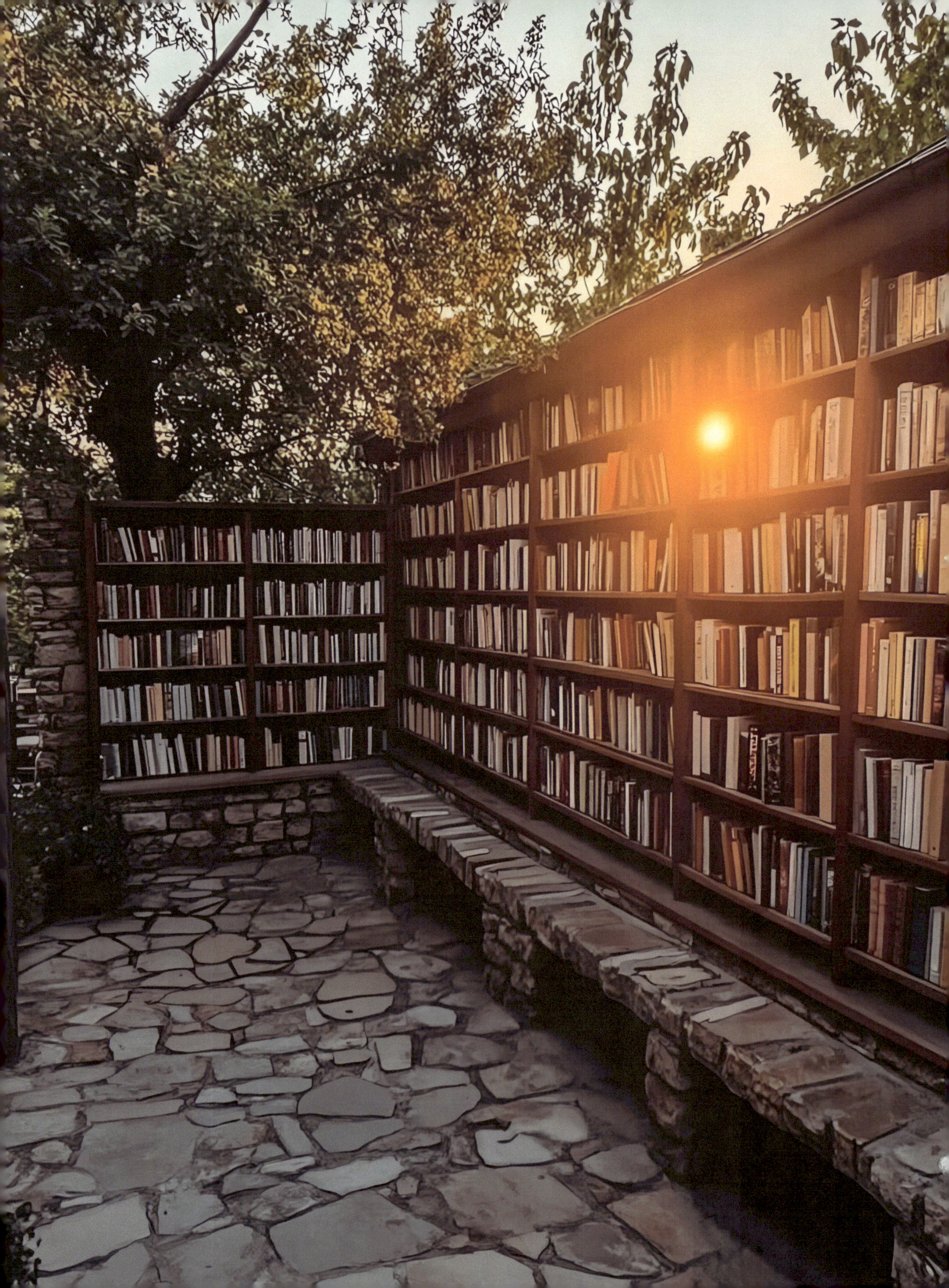

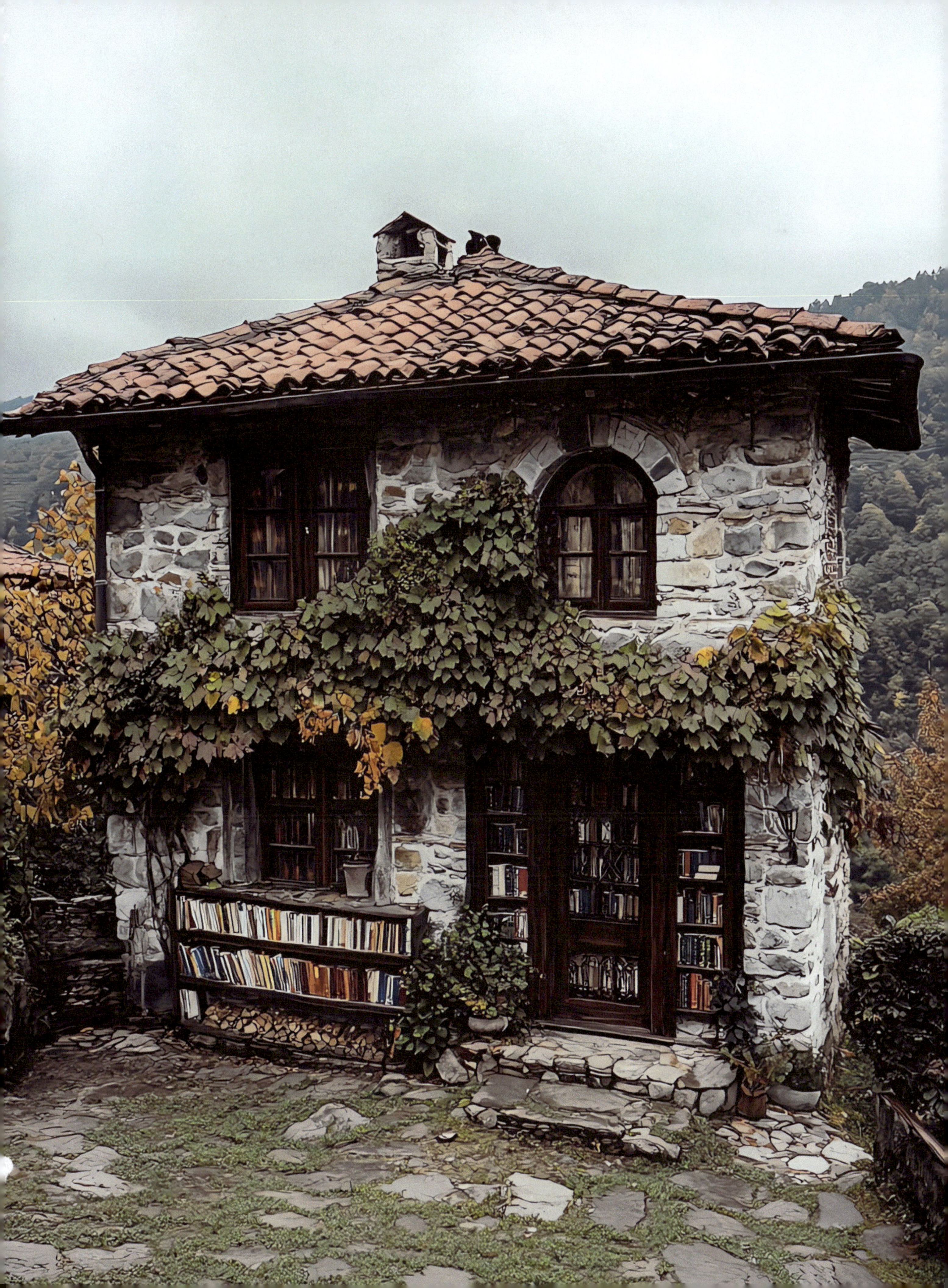

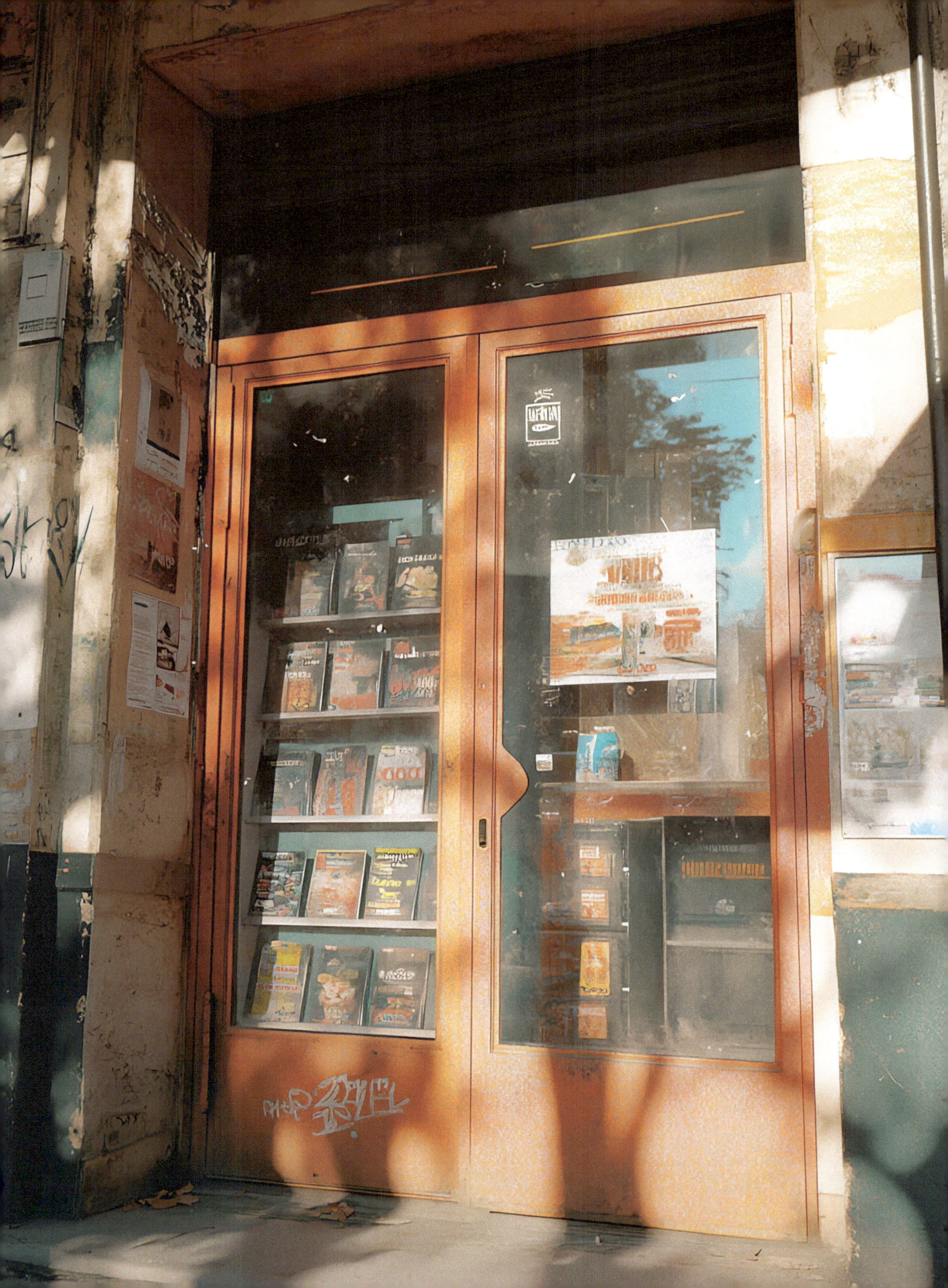

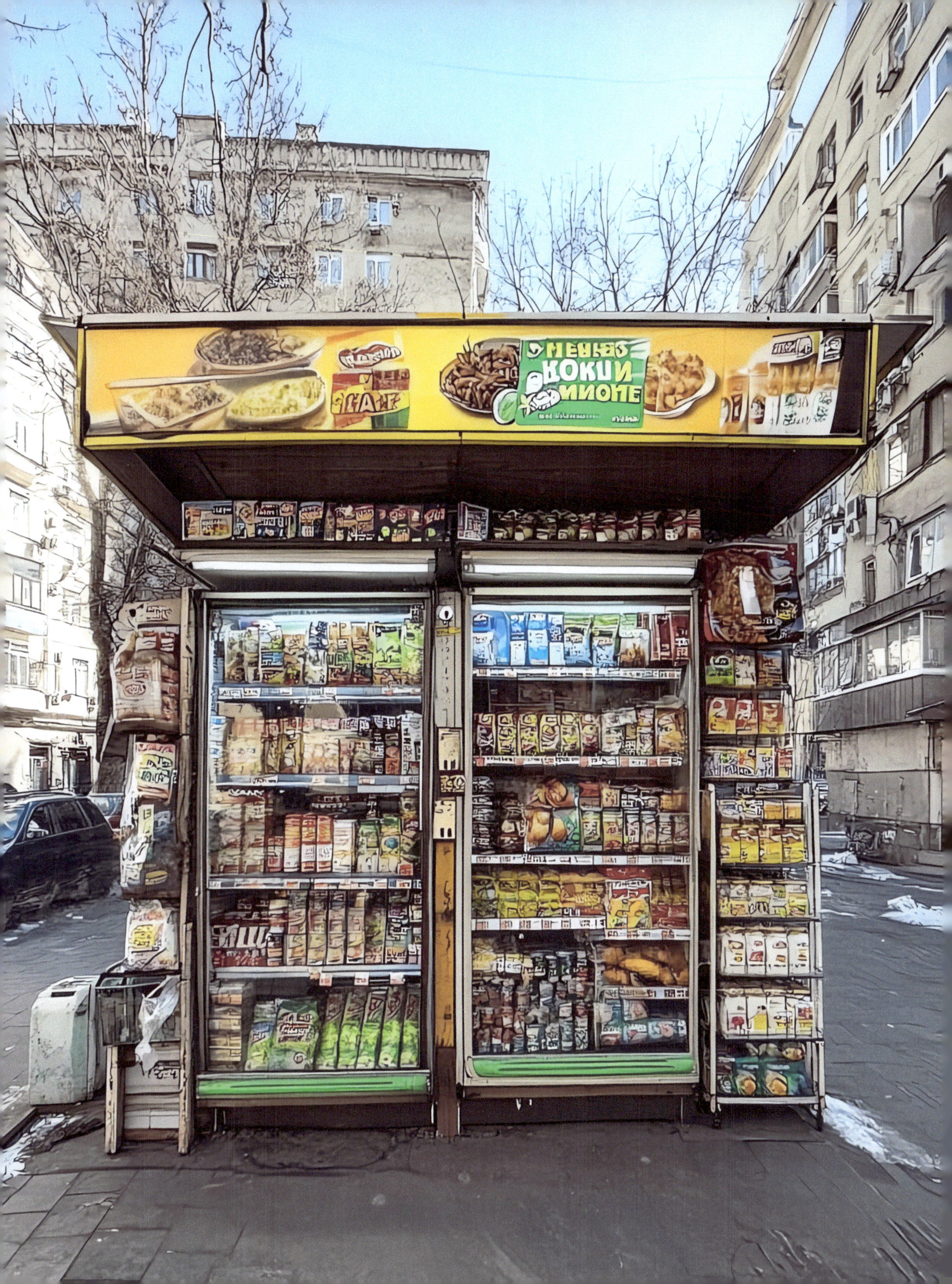

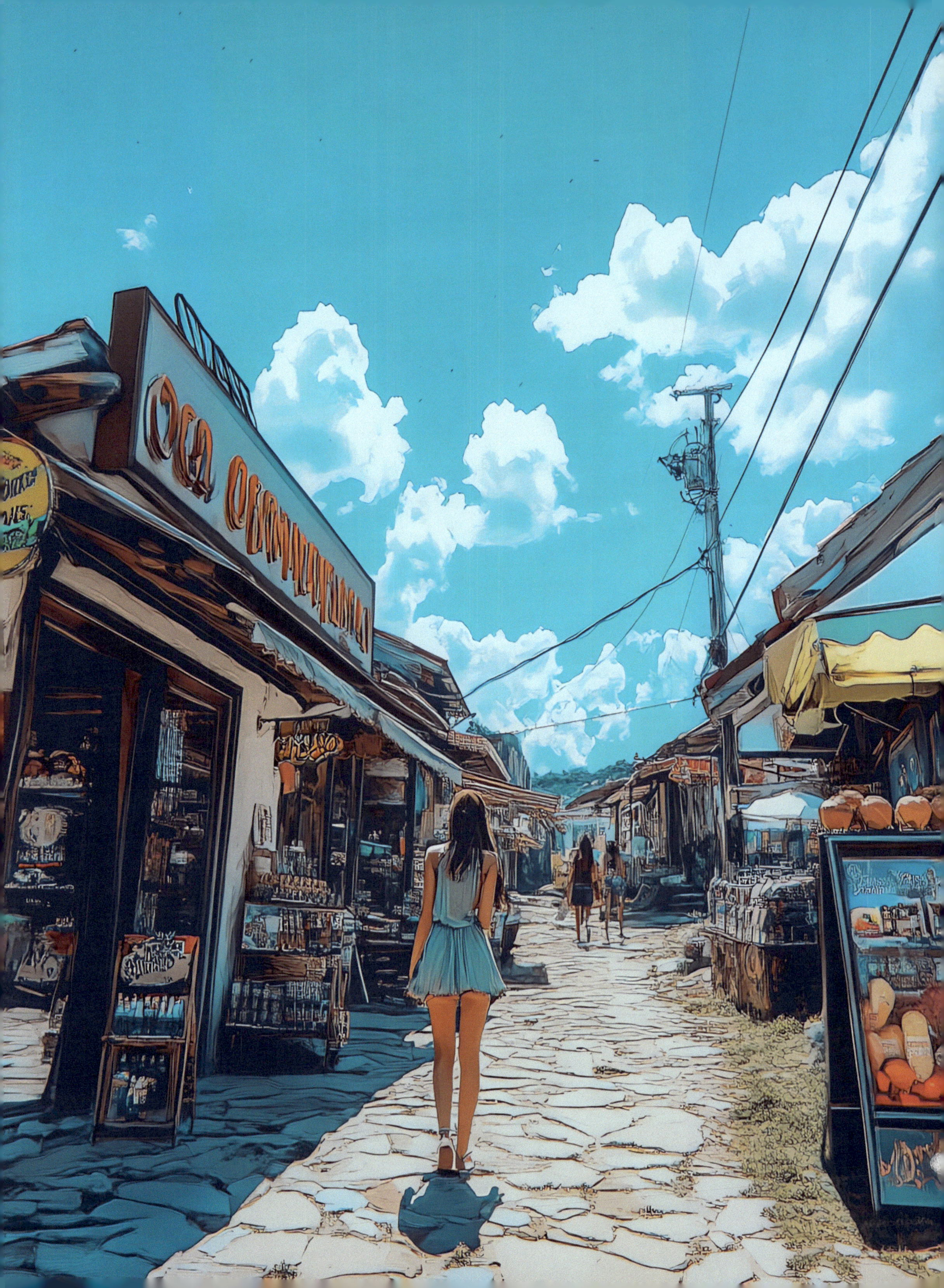

www.ingramcontent.com/pod-product-compliance
Lightning Source LLC
Chambersburg PA
CBHW040422220526
45473CB00004B/1326
* 9 7 9 8 3 0 2 5 9 5 6 9 0 *